现代人力资源管理新视角

刘晓娴 著

辽宁大学出版社 沈阳

图书在版编目（CIP）数据

现代人力资源管理新视角/刘晓娴著. --沈阳：辽宁大学出版社，2024.12. --ISBN 978-7-5698-1760-7

Ⅰ.F243

中国国家版本馆 CIP 数据核字第 2024U62P97 号

现代人力资源管理新视角

XIANDAI RENLI ZIYUAN GUANLI XINSHIJIAO

出 版 者：辽宁大学出版社有限责任公司
　　　　　（地址：沈阳市皇姑区崇山中路66号　邮政编码：110036）
印 刷 者：定州启航印刷有限公司
发 行 者：辽宁大学出版社有限责任公司
幅面尺寸：170mm×240mm
印　　张：14.75
字　　数：220千字
出版时间：2024年12月第1版
印刷时间：2024年12月第1次印刷
责任编辑：张　蕊
封面设计：徐澄玥
责任校对：张宛初

书　　号：ISBN 978-7-5698-1760-7
定　　价：88.00元

联系电话：024-86864613
邮购热线：024-86830665
网　　址：http://press.lnu.edu.cn

前　言

在现代社会的经济环境下，人力资源管理已经成为企业获得竞争优势的关键因素之一。在过去的几十年里，人力资源管理的角色定位已经从传统的行政管理者转变为战略伙伴和业务推动者。经济全球化的商业环境和不断变化的工作场所要求人力资源管理部门既要管理人才，又要通过战略性的人才管理促进企业实现整体目标。随着大数据技术和人工智能的引入，人力资源管理部门现在有机会通过数据分析来优化招聘流程、员工培训、绩效管理和薪酬策略等多个方面，进而更加精准地满足企业需求。

数字化转型对人力资源管理部门来说是一个巨大的机遇，也是挑战。数字化是技术的更新换代，也是一种全新的工作方式和思维模式，从手工操作到自动化系统，从直觉决策到数据驱动决策，这些转变正在重新定义人力资源管理部门的职能和企业的期待。为了适应这些变化，人力资源管理部门需要构建创新思维、效率思维和战略思维，将这些新的工作方式融入人力资源管理的各个方面。本书旨在探索如何在人工智能（artificial intelligence, AI）时代高效实施人力资源的数智化管理，确保企业有效地应对这一转型挑战。

本书共七章。第一章论述了人力资源管理的基本认识，包括人力资源管理的内涵、产生与发展、基础、影响因素等内容；第二章探讨了新时代人力资源管理的思维重塑，包括创新思维、效率思维和战略思维；第三章详细描述了人力资源管理的数字化转型，包括数字经济与人力资源管理、人力资源管理数字化转型思路、人力资源管理数字化认知重塑等内容；第四章讨论了人力资源管理的数字化战略，包括数据驱动的人力资源管理变革、技术创新和产品思维赋能人力资源管理等内容；第五章介绍了AI时代数智化人力资源管理的基本认识，包括AI时代概述、数智化人力资源管理的特征和理论基础等内容；第六章表述了AI时代数智化人力资源管理的具体内容，包括招聘管理、培训管理、绩效管理和薪酬管理；第七章探讨了AI时代人力资源管理数智化转型的挑战与建议。

  本书有以下一些特点。首先，本书在内容上紧跟时代潮流，密切关注学科前沿动态，采用最新的理论研究成果，力求使读者能够清晰地了解AI时代人力资源管理的需求与趋势。其次，本书在结构上进行了精心的设计，既有理论阐述，为全书提供坚实的理论基础，又有策略与建议，使读者能够在阅读过程中循序渐进，系统掌握人力资源高效管理的方法。最后，本书从多个角度对人力资源的高效管理进行了探讨，包括人力资源的基本认识、思维重塑、不同工作模块的转型策略等，旨在让读者能够全面、立体地了解AI时代人力资源管理的各个方面。

  由于笔者时间、水平有限，本书难免存在不足之处，恳请广大读者批评指正。

目　录

第一章　人力资源管理的基本认识 / 1
　　第一节　人力资源管理的内涵 / 3
　　第二节　人力资源管理的产生与发展 / 14
　　第三节　人力资源管理的基础 / 18
　　第四节　人力资源管理的影响因素 / 28

第二章　新时代人力资源管理的思维重塑 / 33
　　第一节　创新思维 / 35
　　第二节　效率思维 / 41
　　第三节　战略思维 / 48

第三章　人力资源管理的数字化转型 / 59
　　第一节　数字经济与人力资源管理 / 61
　　第二节　人力资源管理数字化转型思路 / 67
　　第三节　人力资源管理数字化认知重塑 / 74

第四章　人力资源管理的数字化战略 / 83
　　第一节　利用数据驱动人力资源管理变革 / 85
　　第二节　利用技术创新和产品思维赋能人力资源管理 / 97
　　第三节　持续改进人力资源流程管理 / 111

第五章　AI 时代数智化人力资源管理的基本认识　/　131

第一节　AI 时代概述　/　133

第二节　数智化人力资源管理的特征和理论基础　/　136

第三节　数智化人力资源管理的组织结构　/　152

第六章　AI 时代数智化人力资源管理的具体内容　/　161

第一节　数智化人力资源招聘管理　/　163

第二节　数智化人力资源培训管理　/　176

第三节　数智化人力资源绩效管理　/　189

第四节　数智化人力资源薪酬管理　/　204

第七章　AI 时代人力资源管理数智化转型的挑战与建议　/　215

第一节　人力资源管理数智化转型的挑战　/　217

第二节　人力资源管理数智化转型的建议　/　218

参考文献　/　223

第一章
人力资源管理的基本认识

第一节　人力资源管理的内涵

一、资源与人力资源

（一）资源

资源属于经济学范畴，指的是一切可被人类开发和利用的物力、人力、财力等多种物质的总称。资源广泛存在于自然和人类社会中，一般来说，资源可以为人类创造财富。资源包含诸多要素，这些要素可以归纳为两大类，一类是自然资源，另一类是社会资源。[①] 其中，社会资源又可以进行详细划分，如图 1-1 所示。

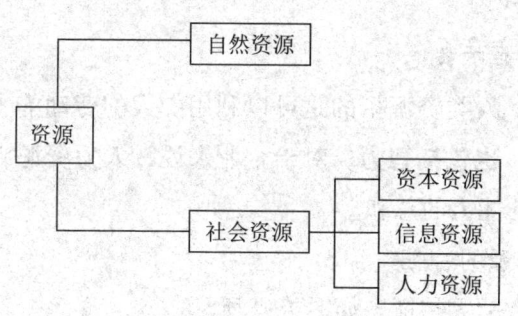

图 1-1　资源的分类

1. 自然资源

在自然界中，人类能够直接获得和使用的资源，均属于自然资源，如各种金属和非金属矿物、土地资源、水资源、风能等。自然资源并不是静止的、不变的，而是动态的，可以为人类生存和发展提供更多的物质与空间。

---

① 陈天荣．商品学概论[M]．3 版．重庆：重庆大学出版社，2021：247．

2. 社会资源

（1）资本资源。资本资源是人类加工而来的，资本资源主要用于生产和创造价值，常见的资本资源有生产资金、建筑物、工厂、生产材料、设备等。资本资源不具有直接消费的价值，是产生价值的工具。

（2）信息资源。信息资源可以被看作一种符号与信号的集合，在人类生产生活中发挥着重要作用，合理利用信息资源能够对人类发展产生深远影响。与其他资源不同，信息资源具有知识性和共享性，人们能够在不同时间、不同空间传递信息资源，某项信息资源在被某个客体利用的同时，其他客体同样可以利用。

（3）人力资源。从广义的角度理解，人力资源是企业、组织等团体中所需人员具备的能力（资源）。在所有资源中，人力资源是最活跃的。[1]

（二）人力资源

1. 人力资源的概念

本书认为，人类资源指的是可以利用的人的劳动能力的总和，劳动能力包括体力，也包括智力。对于企业来说，人力资源则是指企业内部所有成员具备的能力的总和。

2. 人力资源的特征

人力资源有七大特征，如图1-2所示。

---

[1] 钱玉竺.现代企业人力资源管理理论与创新发展研究[M].广州:广东人民出版社，2022：3.

第一章　人力资源管理的基本认识

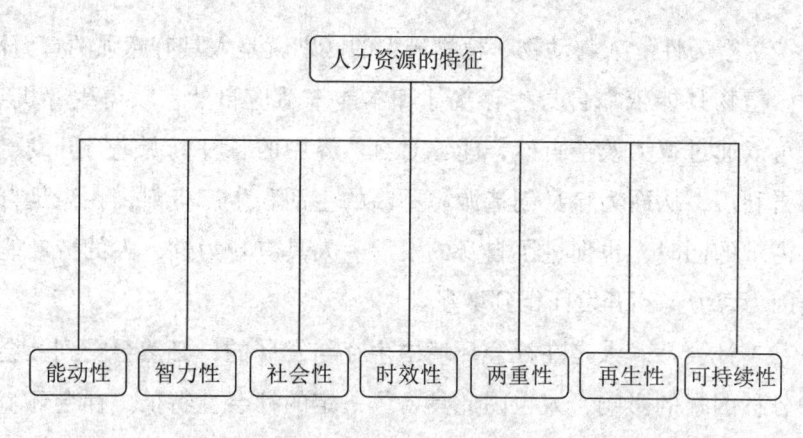

```
                    人力资源的特征
    ┌────┬────┬────┬────┬────┬────┬────┐
  能动性 智力性 社会性 时效性 两重性 再生性 可持续性
```

图 1-2　人力资源的特征

（1）能动性。人力资源与其他资源最大的区别就是人力资源具有能动性，这是因为与其他物质相比，人具有独特的自我意识，能够主动认识社会并通过自己的想法改造社会。在这个过程中，人是主体，人的行为是主动的。

具体来说，人力资源的能动性主要表现在以下三个方面。

第一，自我强化。这表明人本身具有很强的学习能力，能够通过一系列的学习行为和思维锻炼来提升自己，使自己掌握更多的知识与技能，并具备良好的心理素质、完善的品格，进而拥有更加优秀、自信的品质，从而获得有成就感的生活方式。

第二，自我选择。人具有一定的选择意识，在职业方面，人往往会结合自身兴趣与发展需要，选择更适合自己，与自己能力更匹配的职业。

第三，积极性。这指的是在职场中，人们可以通过积极劳动获得相应的报酬，并实现自己的价值。特别是在激励机制下，人们工作的积极性更高，更乐意为职场效劳。

通过上述三点可以发现，人力资源的开发水平和管理效果与其能动性有着很大的关系，能动性越强，开发水平越高，管理效果越好。因此，应当加强对人力资源能动性的重视，积极制定合理的激励机制，采用多元化的激励方式提高人力资源的"可激励性"，进而调动人们的积极性。

（2）智力性。人与动物、植物最大的区别就是人具有超强的智力性，动物、植物只能依靠自身生存规律和本能来适应自然，获得生存机会，而人可以通过智力改造自然，能够对自然界中的各种资源进行开发、生产和再利用，从而为自身创造源源不断的生活和生产资料，在满足自身生存需求的同时，也促进了自身的发展。人具有智力性，人的劳动能力也会因为智力得到开发而得到增强。

（3）社会性。人是在社会环境中生存与发展的，必然会受到社会环境中各种因素的影响，人也因此具备了一定的社会性特征。社会环境是一个较大的范围，不同的地域内有着不同的社会文化和行为习惯等，不论是历史差异还是民俗风情差异，都使得人在社会中具有了多样性，人力资源的质量也有所不同。这些来自不同背景的人集中到某一个企业或组织中，传递着、表现着各自的文化和价值观，提高了企业与组织的多元化程度。对此，企业和组织必须重视人力资源的社会性特征，尊重和允许多元化的人力资源聚集在一起，并处理好因人力资源社会性差异而导致的各种摩擦和矛盾，协调好人际关系，为企业营造良好的环境，促进企业的健康发展。

（4）时效性。人的生命是有限的，人一生主要经过婴儿期、幼儿期、童年期、青春期、中年期和老年期六个阶段，六个阶段的结束意味着人生命的结束，这说明人力资源也是有限的，具有一定的时效性。在人一生六个阶段中，真正算得上现实人力资源的阶段只有中年期，因为处于中年期的人智力、体力都已经发展得较为成熟，又不会像老年期一样智力、体力相对衰退，对于企业来通常中年人创造的价值更大，这也使得人力资源的时效性更加明显。基于此特征，企业必须做好人力资源的开发与利用，在引进人才时要关注人的成长规律，尽可能使引进的人才能发挥更长时间的价值。

（5）两重性。人类从事各项活动的目的多是获取更大的利益，满足自身需求，这是一种获取性。而要获得更多的资源，就要进行一定的投资，这是一种投资性。获取与投资是同时存在的。人的知识与技能并不是与生俱来的，而是在不断的学习与实践中习得的，这个过程既是时间的投资，也是金钱、人力的投资。需要注意的是，健康的身体是人从事劳动，进行投资与获取收益的前提条件，因而人必须对卫生健康进行投资。人具有一定的选择意识，会结合自身需要选择适合的职业，这实际上也是人力资源的迁移投资。不论是教育投资、卫生健康投资，还是迁移投资，都属于人力资源的直接成本，能够对人产生直接影响。在进行这些投资的同时，人们往往会错失一定的就业机会和收入，这些投资属于人力资源的间接成本，有的人也将其称为机会成本。总之，只有优先进行高质量的投资，才可能获得高质量人力资源。企业必须加大对人力资源投资的力度，要舍得投入成本，以此来激发人力资源更大的价值。

（6）再生性。人力资源的再生性主要表现在以下两个方面。

第一，人口再生产。虽然人的生命是有限的，一个人生命的结束意味着其价值的结束，但人类是可以繁衍的，通过不断繁衍，人口得以保持或增加，人口的增加意味着人力资源的增加。

第二，劳动力再生产。一个人的精力是有限的，在从事一段时间劳动后，人的精力可能会有所下降，此时进行适当的休息，精力会得到恢复与增加。另外，一个人在职业发展过程中，通过接受继续教育，可以习得更多的知识与技能，提高自身综合素质与能力，这就是劳动力的再生产。

人力资源的再生性使员工在自身能力获得提升的同时，能够为企业贡献更多的价值，促进企业的进一步发展。因此，企业要正确认识人力资源的再生性，为员工提供更多再学习的机会。

（7）可持续性。在自然界中，很多资源都是不可再生的，开发使用完之后，就不会再产生价值，而人力资源与此有着很大的不同，人力资源能够通过再教育等手段获得新知识、新技能，实现可持续开发。我国倡导终身学习，实际上也是因为人力资源是可持续开发的。在数字技术快速发展的今天，企业对人才的要求越来越高，人力资源的教育培训工作越来越重要，只有重视人力资源的可持续性，才能不断提高人力资源的质量,确保企业在数字时代稳步前行。

3. 人力资源的构成要素与影响因素

数量与质量是人力资源的两大构成要素,这两大构成要素又有各自的影响因素,见表1-1。

表1-1 人力资源的构成要素与影响因素

构成要素	影响因素	具体分析
数量	人口总量	人口总量大,人力资源数量才可能大
	人口年龄构成	劳动适龄人口才是人力资源的主体,劳动适龄人口决定人力资源数量
	人口迁移	人口迁移首先影响地区人口,并间接影响人力资源数量
质量	遗传等先天因素	遗传在一定程度上影响人的体质与智力,但随着后天因素的干预,影响差距逐渐缩小
	教育因素	教育和再教育可以提高人力资源质量
	营养因素	科学的营养供给能够为人的健康提供保障,进而保证人的工作质量与工作效率,影响人力资源质量

(1)数量及其影响因素。人力资源数量通常指的就是企业中员工的数量。人力资源的数量可以反映企业的规模,人力资源数量越多,表示企业规模越大。影响人力资源数量的因素有三个。一是人口总量及其生产状况。通常一个国家的人口总量越大,具备劳动力的人才可能多,劳动力又在一定程度上决定了生产力的状况,故人口总量会间接影响人力资源的数量。二是人口年龄的构成。正如上文所说,人一生中真正算得上现实人力资源的只有中年期,所以处于中年期的人口占比大,人力资源数量才算大。三是人口迁移。不难发现,不同的地区人力资源数量有着很大的区别,在北京、上海等一线城市有很多外来人口,这些城市人力资源数量随着外来人口的不断增加而增多,而那些发展较慢的小城市,

第一章 人力资源管理的基本认识

人力资源数量则相对较少。

（2）质量及其影响因素。社会中人与人之间在智力、能力、知识、素质等多个方面都存在差异，这些因素都是人力资源质量的反映。影响人力资源质量的因素也有三个。一是遗传等先天因素。虽然人的智力和体力在后天可以得到开发，但有些人天生体质就好，智力水平也高，这种先天因素对人的成长具有一定的影响。不过，随着社会的快速发展，人们通过后天多种因素的干预，这种先天因素导致的差异也在逐渐缩小。二是教育因素。人在成年之前都要接受不同程度的教育，接受教育是人习得知识与技能最直接、最经济的方式，也是企业提高人力资源质量有效的方式。目前，很多企业都加大了对员工培训与教育的力度。三是营养因素。营养的供给为人类保持健康提供了保障，科学的营养补充能够增强人的体质，确保人有更多的精力投入工作中，从而保证企业人力资源的质量。

人力资源的数量和质量之间也存在着密切的关系，两者相辅相成，具体关系如图1-3所示。

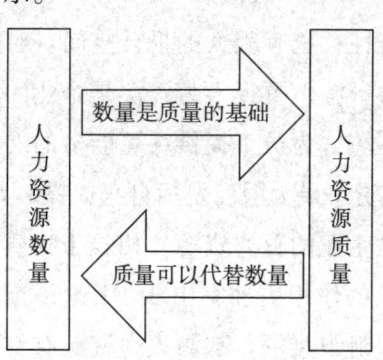

图1-3 人力资源数量与质量的关系

人力资源数量是人力资源质量的基础，没有数量，也就没有质量可言，人力资源的数量为企业的运作提供了人手。但是仅有数量并不能保证人力资源的质量，尤其在数字时代，技术进步与市场需求的变化都对人力资源质量提出了更高的要求，人力资源质量的高低决定了人力资源的优劣。高质量的人力资源是企业适应社会变化，推动创新与发展新业务的重要基础。在一定程度上，如果人力资源的质量非常高，也可以代替人力资源的数量。

4. 人力资源的作用

人力资源在企业发展和社会进步中都发挥着重要作用，具体表现为以下三点。

（1）人力资源有助于财富形成。人具有获得财富、创造财富的能力，这是社会发展的不竭动力。在新时代，如何将人力资源转化为人力资本，成为企业经营过程中的一项重要工作。人力资源高水平的积累，能够激发原始创新的动能优势，进而促进经济的高质量发展。

（2）人力资源是战略性资源。21世纪是信息高速发展的时代，是人工智能时代，越来越多的技术逐渐出现在大众视野，大到一个国家，小到一个企业，科技的发展水平决定着其在当今市场环境中的地位与影响力。科学技术的发展又依靠人来完成，因而创新型人才引进与培养成为企业发展的重要手段。人力资源开发具有可持续性，因而提高人力资源质量具有很大的可能性，也有很大的提升空间，对提高企业竞争力具有重要作用，发展人力资源、重视人力资源是企业的一种战略。企业应当为员工营造良好的环境，为员工提供尽可能多的展示机会与平台，协调企业内部资源，促使员工最大限度发挥自身优势，为企业作出更多贡献。

（3）人力资源是企业的首要资源。相较于物质资本和劳动力，人力资源对企业经济增长的作用更加突出。[1]无论是企业的创新能力、执行力，还是决策质量与组织氛围，都与人力资源有着密切联系。员工的技能、知识、经验和创造力，是企业发展主要动力。如果人力资源质量较低，那么企业的整体质量往往也很难达到高水平。在发展过程中，企业须采取一定的措施来加大人力资源管理力度，也可以制定有效的人力资源战略来吸引、发展和留住关键人才。

---

[1] 黄东梅.人力资源管理基础[M].合肥：安徽教育出版社，2015：12.

二、人力资源管理

（一）人力资源管理的概念

关于人力资源管理的概念，目前还没有统一的界定，其从不同角度看有着不同的解释和内涵。本书认为，人力资源管理指的是结合组织与市场发展需要，预测组织人力资源需求，并制订相应的计划，通过实施人员招聘、培训、绩效考核等，将个人与组织的需求进行充分协调，进而促进组织目标实现的过程。

（二）人力资源管理的特征

1. 人力资源管理具有综合性

人力资源管理涉及经济学、心理学、管理学等多个学科知识与技能。人力资源管理者需要具备很强的沟通和协调能力，因为人力资源管理涉及员工、管理层和其他部门的沟通协作，人力资源管理者能够帮助企业各部门传递信息、解决问题，也能帮助协调利益。在当今快速变化的商业环境中，人力资源管理者还需要具备创新思维，寻找新的方式与方法来提高员工的工作效率与满意度。基于数字技术的应用，人力资源管理者还需要对数据有较强的分析能力，能够了解与预测员工的行为与需求。由此可见，人力资源管理具有很强的综合性。

2. 人力资源管理具有复杂性

人力资源管理的对象是人，而人本身就是复杂的，人与人之间的情感复杂，利益关系复杂。面对这些复杂性，人力资源管理者要实现优质管理，就必须学会换位思考，尝试从管理对象的角度看待问题，了解管理对象的实际情况，结合管理对象的需求进行科学化管理，在加强与管理对象的互动中实现人性化管理。

3. 人力资源管理具有文化性

不同的企业有着不同的文化，企业文化体现了企业的整体价值观。

企业文化不同，企业发展重心、管理重心自然不同。有的企业在发展过程中注重企业环境与业务广度，有的企业则看中员工的能力，还有的企业强调员工的工作积极性……这些不同的文化观念会产生不同的人力资源管理需求，使企业在规章制度、管理方式等方面出现差异。

4. 人力资源管理具有发展性

要想适应社会发展变化趋势，企业在人力资源管理方面就必须紧跟时代潮流，不断改进管理理念与方法。如今，人在劳动中的作用越来越突出，人的重要性更加明显，如何高效管理人，激发人的积极性与热情，成为企业人力资源管理的重要内容。不论是在人才培训方面，还是在人才测评方面，新技术、新思想不断涌现，人力资源管理者只有突破传统管理理念，不断学习新事物，才能提高自身管理水平。

（三）人力资源管理的作用

1. 提高员工积极性

现代化的人力资源管理与传统人力资源管理在观念上有着很大的不同。现代化的人力资源管理更加注重员工的想法，强调"以人为本"，在企业发展过程中，始终将"人"作为企业人力资源管理的出发点和落脚点。与其他部门不同，人力资源管理部门需要和企业内部的各个部门打交道，上到企业领导层，下到企业基层员工，这些人员是企业组织不可分割的一部分。人力资源管理部门在开展工作时，必须尊重人，并通过完善的机制，促进上下级间的沟通，增进各个部门、各位员工间的理解，进而使各项工作都能得到配合与协调，最终提高员工工作积极性。

2. 挖掘员工潜力

人力资源管理部门除了应当做好日常事务性工作，还应当加强与员工的沟通，真正了解员工在工作中遇到的困难，对工作的期待以及职业发展的目标等，帮助员工挖掘自身潜力，并给予他们适当的物质和精神支持。例如，人力资源管理部门可以为员工提供再学习的机会和平台，丰富他们的专业知识，提升他们的专业技能，帮助他们制订更科学的职业发展规划,鼓励他们在工作中积极创新,让他们发现自身的闪光点。同时,人力资源管理部门还可以为员工搭建网络系统,员工登录系统能浏览不同岗位的工作内容与要求,了解各岗位的发展计划。员工如果发现了自己感兴趣的岗位,就可以在系统上提交岗位调动申请,由此一来,人力资源管理者借助网络系统就了解员工的真正兴趣,员工自身价值将得到充分发挥。

3. 塑造企业形象

在传统人力资源管理模式下,人力资源管理者主要扮演着上传下达的角色,而在现代化和信息化社会背景下,人力资源管理模式也发生了相应转变,人力资源管理者的角色定位自然也会发生转变,成为信息与服务的提供者。在日常管理中,人力资源管理者要为员工提供优质的服务,为他们传达有效的、最新的、精准的信息,并倡导员工保持良好的精神风貌,以此塑造和提高企业的整体形象。良好的企业形象往往要求员工既要大方得体,又要为客户提供优质的服务,而要使员工保持这样良好的形象,则需要人力资源管理者为他们提供良好的服务。对于人力资源管理者来说,他们的客户实际上就是员工。只有为员工创造了和谐、友爱的工作氛围,充分尊重员工意愿,为员工提供适当的发展机会,并保证企业内部激励机制的公平与公正,才能真正让员工主动为企业效劳。需要注意的是,人力资源管理者必须重视向员工口头承诺的事情,也就是无形的承诺,这体现了人力资源管理部门的服务精神,这种精神对塑造企业形象具有重要作用。

4. 激发企业活力

人力资源管理部门具有多项职能,这些职能有着不同的性质,需要不同性格和类型的管理人员。因此,人力资源管理部门在开展工作时,可以采用轮换制度,让部门内部的员工掌握更全面的管理技能,实现动态发展。人力资源管理部门的工作涉及企业各个部门,与各个部门的人都会产生联系与情感沟通,因而人力资源管理部门的动态发展,也会带动企业的动态发展,促使企业活力不断得到激发。

第二节　人力资源管理的产生与发展

一、西方人力资源管理的产生与发展

（一）人事管理萌芽阶段

18世纪末到19世纪初，工业革命正如火如荼地进行，这个时期工业的快速发展使得员工数量增多，为了更好地管理员工，一些管理思想出现了。这些思想较为简单和朴素，如在劳动分工方面，根据工种岗位不同，每个人有了不同的职责；为了加快作业完成速度，开始实行工资制度，以激励员工全面投入工作中；为了保证员工的工作质量，开始对员工的工作成果进行考核。虽然这些管理思想较为简单，并且没有形成系统的、科学的理论，但是关于人力资源管理的雏形已经开始显现，人事管理进入萌芽阶段。在此阶段，人事管理工作的重心是提高员工福利。

（二）科学管理阶段

经过近一个世纪的发展与变革，19世纪末人事管理逐步进入科学管理阶段。这一时期出现了"经济人"假设理论，该理论主要是研究企业生产过程和行政组织管理，人事管理则以此为基础进行了改革，将管理的重心转移到工作上，强调工作方式方法的科学化、标准化，注重对管理制度的严格执行。这种管理观念的转变，使得人事管理的基本职能初步形成，这为后来人事管理发展提供了借鉴。

（三）人际关系运动阶段

人际关系运动阶段主要在20世纪30年代至50年代，这一阶段人事

管理发生了质的变化。这是因为在这一阶段，人事管理开始重视人，将人放在了管理中的重要位置，这在西方人力资源管理发展史上具有里程碑意义。人事管理进入新阶段，企业在这个阶段开始设立专门的培训主管岗位，更加注重员工的情感需求，在日常管理中也增加了与员工的沟通交流频次。这种创新性的管理理念和方法在当时取得了良好的效果，其他企业随后也开始借鉴这一做法。在这一管理理念下，人力资源管理者的工作内容也发生了变化，他们需要设计和实施这些方案，人事管理的职能在很大程度上得到了拓展和丰富。

人作为企业生产、运行的重要主体，对企业的发展起着重要作用，是企业宝贵的资产，其福利和满意度应成为企业关注的焦点。企业应认识到提高员工福利可以有效增强员工归属感与积极性，满意度高的员工更加具有生产力，他们在工作中的投入与创造是企业持续发展的重要驱动力。

（四）传统人事管理成熟阶段

20世纪60年代及以后，传统人事管理逐渐进入成熟阶段，这一时期人们开始关注对人的行为的研究，人类进入行为科学时代。越来越多的管理学学者致力于研究人的行为，这一学科也促使人事管理逐渐从对个体行为的研究转向对群体和组织整体行为的研究。这种管理模式对员工的管理更加人性化，管理者更乐意听取员工的意见，并尝试通过各种措施来助力实现人与工作的协调，注重调动员工积极性。也正是在这个阶段，"人力资源管理"一词开始被应用并流行起来。

（五）人力资源管理阶段

人力资源管理真正兴起并实现变革与创新是在20世纪80年代中后期，这个时期人力资源管理普遍被企业重视起来。受到社会经济发展与市场环境的影响，企业的经营环境在这一时期也发生了很大的变化，企业在实现自我发展的同时，需要考虑更多外界因素的影响。基于此，权变管理应运而生。该管理模式认为外部环境是管理的重要变量，企业应当适应环境的多变性和不确定性，结合企业的实际情况采取合适的管理方式。环境与需求变化，管理方式也应随之变化，人力资源管理应当实现差异化。

（六）战略性人力资源管理阶段

20世纪90年代后，人力资源管理进入战略性管理阶段。所谓战略性人力资源管理，就是企业为了实现目标，提高绩效水平，而将企业的人力资源管理活动同战略目标联系在一起的行为。在现代社会中，人力资源管理已经被看成一种"利润中心"，它能够帮助组织实现战略目标并赢得竞争优势，获取一定的利益。

战略性人力资源管理在开展活动时强调战略匹配或战略契合，要保证两个方面的一致性，如图1-4所示。

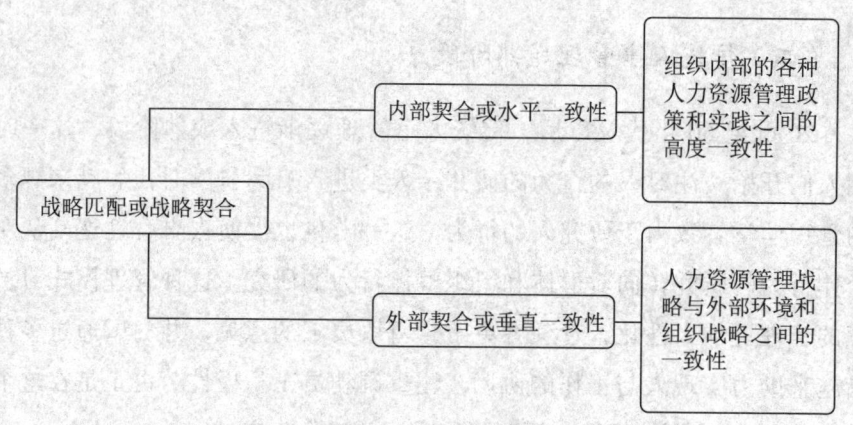

战略匹配或战略契合
- 内部契合或水平一致性 → 组织内部的各种人力资源管理政策和实践之间的高度一致性
- 外部契合或垂直一致性 → 人力资源管理战略与外部环境和组织战略之间的一致性

图1-4 战略性人力资源管理的一致性

二、中国人力资源管理的产生与发展

（一）中国传统劳动管理与人事管理

中国传统劳动管理与人事管理主要集中在1949—1978年。劳动管理主要指企业、组织所进行的劳动管理，涉及劳动定额、劳动组织的调整，以及劳动纪律的制定与执行、员工工资管理、劳动保护管理等。而人事管理在实质上主要集中在思想层面，员工的实际经济利益并没有发生变化。这种非利益性的激励对员工积极性的激发效果并不明显，导致生产效率较低，劳动生产率增长较为缓慢。

（二）中国现代人力资源管理

1978年以后，传统劳动管理与人事管理逐渐发展为现代人力资源管理，这主要源于经济体制的转型，人们开始考虑如何将人力资源的价值最大化，制定怎样的激励制度才能激发员工的积极性与创造力。

改革开放以来，中国人力资源管理发展呈现良好趋势，人力资源管理服务事业取得了更大的突破。与此同时，各项管理规章制度逐渐完善，如《人才市场管理规定》《中外合资人才中介机构管理暂行规定》等陆续出台，一些扶持举措也产生了很好的社会效果。中国人力资源管理发展进入了行业壮大期，国家更加重视人力资源管理服务工作，并将人力资源服务业列为生产性服务业中的重点发展门类。在国家的扶持与强力推动下，在信息技术的加持下，中国人力资源服务业的发展进入快车道，其行业特征也更加鲜明，成为社会发展体系中一个举足轻重的行业门类。目前，人力资源服务业经过几十年的发展，已经相对成熟，并且取得了显著的社会效益和经济效益，为无数劳动者提供了就业机会与保障，有效促进了人才的合理流动。

伴随着人工智能的新发展和劳动就业形态的多样化，未来人力资源管理可能会面临更多机遇与挑战，对此，相关方必须进一步提高对该行业在国民经济与社会发展总体格局中重要性的认识，要清晰地确定人力资源服务业在国家整体人力资源工作体系中的位置，积极引进先进的数字技术，充分发挥技术的优势，不断创新服务形态，拓展服务空间，确保人力资源管理在未来发展中有效应对市场变化，轻松实现行业转型与升级。

第三节 人力资源管理的基础

一、人力资源管理的目标

优秀的企业往往离不开每一位普通员工的付出,如果一家企业能够使每一位员工都能获得所期待的劳动报酬,并自愿为企业作出更多的贡献,则可以认为这家企业的人力资源管理是成功的、高水平的。而企业人力资源管理的水平又会间接影响所在地区甚至国家经济的繁荣,因而企业在开展人力资源管理工作时需要确定合适的目标,一般包括以下三点。

(一)体现员工最大的价值

人力资源管理的首要目标就是通过采用科学的开发与管理方法,激发员工工作积极性,确保事得其人、人尽其才,充分体现人力的价值,实现人力资源管理的高效。要提高价值,有五种途径:①保持寿命周期成本不变,优化功能;②保持功能不变,降低寿命周期成本;③在优化功能的同时,降低寿命周期成本;④在适度增加寿命周期成本的同时,大幅度优化功能;⑤在功能下降的同时,大幅度降低寿命周期成本。对于企业来说,人力资源管理的目标主要是应用第三种方法,该方法能够实现低成本、高价值。

(二)发挥员工最大的主观能动性

发挥员工最大的主观能动性是人力资源管理的目标之一,而影响员工主观能动性的因素有很多,企业需要特别注意这些因素,最大限度地保证员工最大主观能动性的发挥。本书将影响员工主观能动性的因素归结为三大类：基本因素、实际因素和偶发因素。

1. 基本因素

人产生工作行为的根源是动机，而动机通常是主观的，由此可知，要强化员工的行为，提高员工的主观能动性，就需要激发和强化员工的动机。能够对动机产生深刻影响的是人的思想观念与价值标准，这两点是影响人主观能动性的直接因素和基本因素。

2. 实际因素

实际因素主要指的是员工在工作中得到的实实在在的激励，对员工的激励足够有力，员工积极工作的热情才会高涨。激励手段主要有工资制度、奖惩制度和劳动保障制度等。

3. 偶发因素

在企业中，偶然发生的一些事件也会影响员工的主观能动性，如管理者一次不经意的赞赏，可能会给被赞赏员工极大的信心与自豪感，可能会激发出这名员工更大的主观能动性；反之，如果管理者在某些小细节上没有尊重员工，那么员工的主观能动性很可能会降低，甚至对管理者产生不满之情。

（三）培养全面发展的人

人类开展一切活动的出发点和落脚点都是人，并且目的都是使人获得更全面的发展。企业人力资源管理应当以培养全面发展的员工为目标之一，为员工提供再学习的机会和平台，促进员工专业技能与综合素质的提高，使他们成为更专业、更文明、更有教养的人，这样的员工也更便于企业管理，对企业长期发展具有较大的意义。

二、人力资源管理的职能

（一）职位分析

职位分析通常也称作岗位分析，主要是用一定的方法对企业当中某些特定的职位所对应的任务、职责、工作条件等相关信息进行收集和分析。这些内容为企业人力资源管理的其他模块如招聘录用、培训开发、薪酬管理等提供了有效的信息支持。

职位分析主要涉及两个方面的内容：一方面，对职位应当承担的职责、任务以及工作考核标准等做详细分析和深入研究；另一方面，对任职资格进行深入研究，包括学历、专业、年龄、技能、工作能力和工作经验等。

职位分析能够帮助管理者和员工对自身的工作岗位有更明确、更全面的认识，有利于管理者和员工在协作中共同完成企业的工作目标与任务。另外，通过职位分析，管理者能够为不同的工作岗位制定相应的工作标准，这促进了企业绩效管理、薪酬管理的公平与公正。在培训方面，由于员工培训的内容与方法必须与岗位需求相一致，因而职位分析能够为员工培训提供依据和基础，大大提高了培训效率，降低了培训成本。

总之，职位分析在企业人力资源管理中发挥着不可替代的基础性作用，对实现组织战略目标、提高流程效率、强化管理均有重要意义。

（二）人力资源规划

人力资源规划旨在通过对企业现状分析和未来发展环境中人才供求关系的预测，来制定相应的政策与措施，对人才进行整合与潜能挖掘，最终实现企业与员工的共同成长。人力资源规划主要包括两大板块内容：一是结合企业发展目标对企业未来发展需要的人才情况做精准预测；二是以预测结果为基准，制订相应的人力资源管理计划，确保人才供需平衡。人力资源规划应当从企业全局利益出发，但不能忽视员工的需求，应当得到员工的认可，兼顾企业与员工。人力资源规划又可细分为五种类型：人力资源战略发展规划、教育培训计划、人员配备计划、人员补充计划和人员晋升计划。

（三）员工招聘

员工招聘的目的是吸引、选拔一定的人才填补企业的职位空缺。员工招聘是人力资源管理流程中重要一环，起到承上启下的作用。只有招聘合适的员工，并使他们与岗位高度匹配，才能调动员工积极性，提高工作效率，为企业创造更多的利润。

员工招聘工作主要分为三个阶段，六个步骤，如图1-5所示。

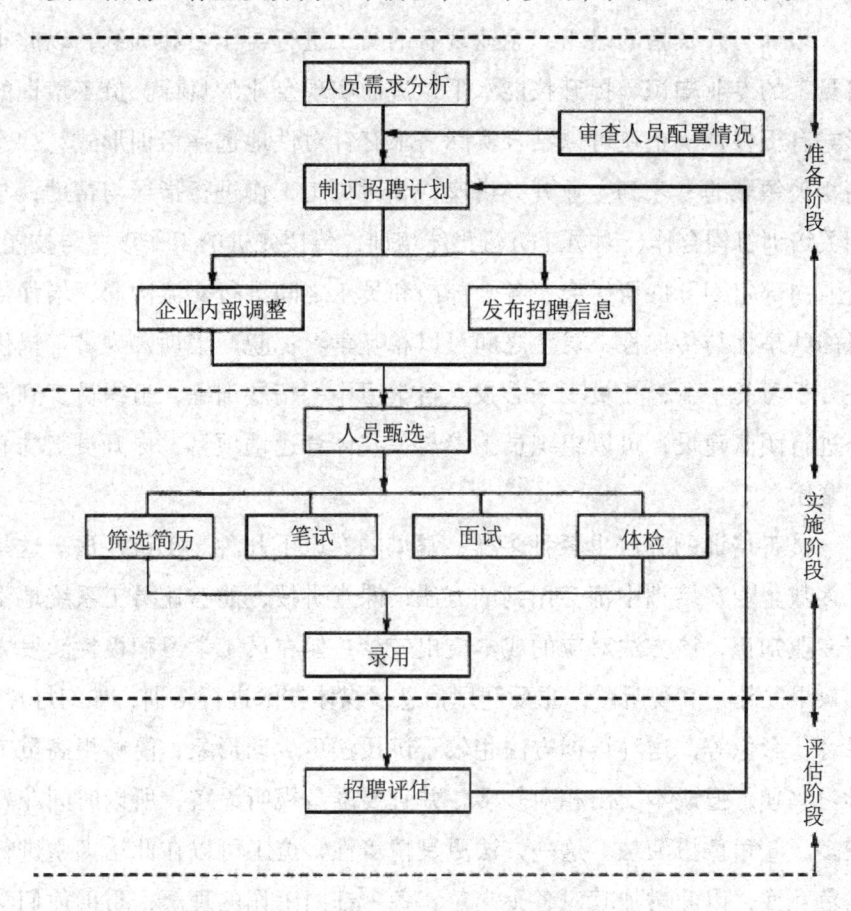

图1-5 员工招聘流程图

员工招聘应当遵循公平、公正、公开的原则，不能有性别歧视和年龄歧视。要注意所招聘的人员所具备的知识与技能应当与空缺岗位的要求匹配，避免人才浪费。除此之外，人力资源管理者应当具备战略眼光，要能看到人才的长久价值，有些专业技术强、综合素质高的人才可能在当下没有创造价值的机会，但可以作为储备人才。招聘者应当珍惜这些人才，能够发现他们的价值所在。

（四）培训与开发

培训与开发指的是组织企业现有的员工进行再学习和训练，以此丰富员工的专业知识、提升技能水平，进而实现企业的目标。员工培训的形式有很多种，企业可以结合实际需求有针对性地选择培训形式，如邀请相关领域的专家到企业开办讲座，并对员工工作进行指导与帮助；与相关培训机构合作，对员工进行集体培训，传授先进的工作理念与技能；企业内部定期开展研讨会，各个部门和员工之间进行交流沟通，增强信息的共享性与传递性，员工之间可以相互学习；脱产培训，为员工提供在外学习的平台，让员工一心投入再学习中；拓展训练，组织员工到户外进行团队建设，可以组织员工参与一些体育运动项目，提升员工的心理素质。

员工培训的方法也多种多样，常见的有以下几种。①讲授法。这是大多数企业在培训中都会用到的方法，课堂讲授，能够让员工系统地学习专业知识，该方法对应的成本支出较少，但在员工学习积极性激发方面效果欠佳。②视听法。主要利用信息多媒体技术进行培训，如幻灯片、录音、影像等，这种培训方法相较于讲授法更生动形象，能够提高员工学习兴趣，但成本支出相对较多，并且要准备视听设备，所以时间花费较多。③角色扮演法。这一方法更具情境性，员工可以在此培训中进行角色互换，以此增加其对各个岗位、各个部门工作的理解，帮助他们学习不同岗位的技能，进而增进员工之间的感情。这种方法的成本支出更少，但学到的知识与技能有限。

（五）绩效管理

绩效是员工行为过程的产出，对员工的绩效进行管理能够有效促使员工做好本职工作，科学的、系统的管理体系则能够改善绩效水平。[①]绩效管理工作对企业发展具有重要意义，是价值分配的基础，也是人力资源管理决策的重要依据，能够促进人力资源的开发。企业实行绩效管理，能够让员工更明晰自己的工作职责与任务，减少因职责不明而产生的误解和矛盾，这实际上是管理者与员工之间的一种合作。绩效管理工作内容非常多，涵盖了绩效计划的构建、绩效的实施、绩效考核、绩效反馈、绩效改进等多个环节，这些环节构成了一个完整的系统。

（六）薪酬管理

薪酬能够对员工起到有效的激励作用，薪酬并不局限于单纯的金钱奖励，还包括非实物形式的奖励，如获得管理者认可、获得荣誉证书等。薪酬管理是企业对员工服务与贡献的补偿，是对员工价值的一种认可。在进行薪酬管理时，薪酬标准的制定应当公平、公正。一方面，要保证企业内部公正，即在企业中，由于不同岗位需要员工作出的贡献不同，因而岗位薪酬应当有所差异，要与岗位付出呈正比；另一方面，要保证员工个人公平，当企业发展较快时，员工获得的薪酬应当较高，因为企业的成功源于员工创造的高价值，只有保证企业与员工同步成长，实现两者双赢，才能提高员工的满意度与忠诚度。这就要求企业制定的薪酬制度必须有科学的规范作为依据，薪酬结构要合理，薪酬控制要科学。

（七）员工关系管理

员工关系指的是企业与员工之间、员工与员工之间的关系，属于企业内部关系，良好的员工关系有利于促进企业内部和谐，强化合作，增

---

① 韩平.创业企业人力资源管理[M].西安：西安交通大学出版社，2023：145.

强企业凝聚力。员工关系管理是人力资源管理的基本职能,在开展该工作时,管理者应当使用柔性的、激励性的方式,真正从员工的角度出发,综合考虑员工的个人发展需求和职业需求。在日常工作中,企业员工要加强沟通,为员工营造良好的、充满家庭氛围的环境,让员工在工作中也能感受到"家"的温暖。

员工关系管理的内容也较为复杂,包括员工纪律管理、劳动关系管理、员工支付服务、员工活动管理、组织文化建设、沟通管理等诸多方面,这给管理者带来了一定的挑战,管理者需要用宏观的角度看待员工关系管理工作。越来越多的实践证明,当今企业员工,特别是高层次的人才,他们在职场中除了看重薪酬外,更加看重企业文化氛围和人际关系等。

(八)职业生涯规划和管理

职业生涯规划指的是个人结合自身条件以及社会大环境,对决定自身生涯的主客观因素进行全面分析与测定,最终确定自身未来发展方向,并选择与之相匹配的职业,确定相应的工作、学习计划与行动方案。对于企业来说,职业生涯规划管理指的是企业与员工对自身的职业生涯进行科学设计、实施、评估、反馈、修正的过程。[1] 由此可以看出,职业生涯规划与管理可以从员工个人和企业两个视角来看。从员工个人视角看,科学、合理的职业生涯规划能够帮助员工认识自身优势与不足,也能够进一步对企业的运行情况以及内部职业发展情况进行了解,便于在未来工作中及时把握机会,加速自身职业生涯规划目标的实现。从企业视角看,有效的职业生涯管理能够帮助企业快速发现有晋升潜力的员工,能够通过职业生涯管理活动提高员工积极性,使员工更清楚企业的发展目标,吸引员工将个人发展目标与企业发展目标相结合,以增加员工与企业的黏度。

---

[1] 魏迎霞,李华.人力资源管理[M].郑州:河南大学出版社,2017:141.

由于职业生涯规划与管理关系员工个人和企业未来的发展方向与具体行动，因而职业生涯规划必须是具体的、清晰的、可行的，必须考虑员工和企业的特点以及社会环境。既要针对职业发展制定长期的发展目标，还要对长期目标进行分解，使之成为多个具体的阶段性目标，以便随时掌握目标完成情况，随时根据环境变化对职业生涯目标做作出调整。

三、人力资源管理的理论基础

（一）需求层次理论

需求层次理论是马斯洛（Maslow）于1943年在《人类激励理论》中提出的，他将人的需求分成了五类，并由低到高进行了排列，依次为生理需求、安全需求、社交需求、尊重需求和自我实现需求。其中，生理需求是人生存最基本的需求，这类需求主要是物质需求，如食物、水、住所等；安全需求是满足生理需求后的一种需求，包括各个方面的安全，如人身安全、经济安全、情感安全等；社交需求主要来源于人处在一定的社会环境中，涉及与其他人的交往，人在相互交往中追求归属感和亲密感，如友谊、亲情、爱情等；尊重需求是一种较高层次的需求，属于精神需求，指的是人追求他人的尊重和社会地位等；自我实现需求是最高层次的需求，指的是人通过充分发挥自身优势与潜力来实现自我价值。人的需求一般是从最低层次开始的，当低层次的需求得到满足后，它的激励作用与优势便不再明显，人的需求转向更高层次。

对马斯洛需求层次理论做深度解读，我们可以发现以下几点。①需求之间不是孤立的，而是相互联系的。例如，人如果缺乏安全感，在与他人建立友谊方面就存在一定的困难，这是安全需求与社交需求的相互关系。②每个人都是独立的个体，个体之间的差异导致需求的层次也会因人而异，不同的人对各个层次的需求程度会有所不同，有的人可能重视尊重需求，而有的人则更重视自我实现需求。③需求的满足程度是相对的，有的人虽然衣食无忧，但因为缺乏足够的安全感而时常感到焦虑。

马斯洛的需求层次理论对企业人力资源管理产生了深远影响。生理需求在人力资源管理中体现为建立合理的薪酬体系，为员工提供适当的物质奖励等，这些能满足员工的基本生存需求；安全需求则表现为企业制定的各种安全管理制度，以及为员工提供的养老保险、医疗保险和失业保险等；社交需求体现为企业本身是一个较大的组织，在这个环境中，企业通过建立企业文化为员工营造良好的工作环境，并通过加强各部门间的沟通与联系，组织员工关系管理工作来满足员工人际交往的需求，让员工找到归属感；尊重需求体现在人力资源管理倡导企业管理者善于倾听员工的意见与建议，尊重人才，同时给予员工适当的精神鼓励和情感沟通，让员工感受到被尊重；自我实现需求表现为企业为员工提供再学习的机会与平台，帮助员工不断提升专业水平，实现自我成长。

（二）人本管理理论

人本管理指的是在管理中将人放在核心位置，把人看作企业最重要的资源，以人的需求得到最大满足和协调为切入点，通过各种管理方式来调动人的积极性，激发人的创造力，最终实现企业与人共同进步的目标。在管理过程中，企业应当尊重人、关心人，一切以人为本。人本管理理论的核心思想就是要肯定人的价值，凝聚人，鼓励人全面发展，建立组织成员的共同愿景。人本管理体现在企业管理的方方面面，企业每一个环节的管理都适用。

企业在人力资源管理中应用人本管理理论应当有一套相关联的运行机制，包括以下几点。①动力机制，通过一定的激励手段激发员工工作动力；②约束机制，用严格的规章制度对员工的行为进行约束，这是保证员工之间公平、公正竞争的有效手段；③压力机制，企业可以通过实施目标责任制来使员工产生一定的压力，从而获得拼搏的力量，促进员工主观能动性得到充分发挥，但要把握好压力的程度；④保障机制，为员工提供相应的保障，如与员工签订劳动合同，为员工缴纳养老保险、医疗保险、失业保险等；⑤环境优化机制，主要指的是为员工优化工作环境，并打造良好的人际关系环境；⑥选择机制，企业应当尊重员工选择职业的权利，允许员工在发展过程中选择新的职业，这有利于促进人才的流动，也有利于优化企业人才结构。

（三）委托－代理理论

委托－代理理论发展得非常快，其主要经历了三个阶段。第一阶段是状态空间模型化方法，在使用该方法时，不论哪项技术都能够以非常自然的状态呈现。第二阶段是分布函数的参数化方法，与第一阶段的状态空间模型化方法相比，该方法更加成熟，从发明至今，已经被大众视为标准化方法并应用于统计学中。第三阶段是一般分布方法，该方法相较于前两种方法更加抽象，但能够用较为简单的方式表现出来，使人们一目了然。

委托－代理理论能够得到不断发展就是因为其对研究企业内部信息不对称问题和激励问题有着很大的帮助。当信息对称时，委托人可以了解到代理人的诸多行为，这有利于他们对代理人做科学的奖惩。当信息不对称时，代理人的很多行为都不能被观察到，这给委托人管理代理人带来了一定的挑战，其不能强制性约束代理人。对此，委托人可以实施一定的激励措施，通过激励行为对代理人提出一定的约束。

四、人力资源管理模式

（一）人力资源管理模式定义

目前，对于人力资源管理模式，尚无标准的定义。实际上，不论哪种分类方法，也不论哪种认识角度，有一点毋庸置疑，那就是人力资源管理模式是客观存在的。结合前人对人力资源管理模式的认识，本书认为人力资源管理模式可以理解为，对于某个组织来说，其需要开展长期的生产活动，为了保证活动正常进行而对活动中的各项要素进行管理，在活动过程中因为某些管理上的习惯而形成了管理过程中的目标、方法和内容等。

（二）人力资源管理模式分类

人力资源管理模式主要分为三类，即直管型、监管型和顾问型，具体见表1-2。

表1-2 人力资源管理模式分类

分类	内容
直管型	这种管理模式具有高度集权性，人力资源管理部门可以对企业内部人力资源发展做统一规划，各种规章制度和管理体系都可以经部门内部商定来实施，不需要再由企业管理层进行审批
监管型	这种管理模式是集权与分权融合的一种模式，人力资源管理部门对相关活动具有监督与指导职能，对于人力资源管理的发展与制度建立等，可以提出专业性的意见，但最终需要由企业管理层进行审批
顾问型	这种管理模式具有高度分权性，更适用于具有子公司的企业，企业总部的人力资源管理部门可以为下级子公司的人力资源管理部门提供咨询服务，并监督下级子公司各项制度的制定与施行情况

第四节 人力资源管理的影响因素

一、文化因素

（一）广义视角

从广义视角看，也就是从国际视角来看，不同的国家和民族有着各自的文化，在不同文化背景下成长起来的人，有着不同的文化观念、价值观、行为习惯，这些差异使得人力资源管理工作的制度、形式等也应有所不同。特别是对于跨国企业来说，面对员工的多元化和个性化，其应当加强对员工的语言培训，助力员工学习共用语言以促进其高效沟通；应定期举办文化交流活动，促进不同语言背景的员工相互了解与交流，进一步增进彼此的文化理解与认同；更应当结合企业业务面向区域的文化特色选择合适的人力资源管理政策，采用本土化管理策略，了解当地的法律法规和劳动法规，选择合适的、科学的管理政策，切实保障员工的合法权益。另外，应根据当地的经济发展水平和员工发展需求，制定灵活的薪酬福利制度，保证员工的积极性，为员工提供具有竞争力的薪资待遇。

（二）狭义视角

从狭义视角看，企业人力资源管理影响因素中的文化因素主要指的是企业文化。企业文化是组织内部共同遵循的价值观、行为规范和信仰体系。企业文化引导着企业各项工作的开展。在人力资源管理模块，企业文化通过影响员工的思维方式与行为方式进一步影响员工对企业的归属感和认同感。企业文化还会影响人力资源管理的方式与机制。如果企业文化氛围是轻松的、和谐的，那么人力资源管理也会以人为本，为员工提供更多的自我发挥空间和话语权，管理方式将更加灵活。在这样的管理环境中，员工的潜力与热情自然更易被激发出来。只有在人力资源管理战略与企业文化相契合的情况下，人力资源管理对企业才有价值，才能帮助企业实现长远发展目标。

二、经济因素

与过去的经济全球化相比，如今已是新型经济全球化，这是新的社会环境下的产物，也是历史发展的必然趋势。新型经济全球化致力于推动共同富裕、普遍均衡的发展，并且强调应当将劳动者放在重要的位置，是以人民为中心的经济全球化。中国作为世界第二大经济体，在新型经济全球化中的作用显著。中国成为新型经济全球化的重要参与者和引领者，意味着中国必须在新时代抢抓数字经济赛道，而各个企业的发展又对中国整体经济的发展有着重要的影响，因而企业在新型经济全球化背景下，必须进一步创新和改革，实现全面、飞速发展和数字化转型。企业的创新与转型直接影响着企业各个部门与环节的运作，人力资源管理部门也应当作出及时的转型，全面创新，落实将员工放在重要位置的理念，从员工角度出发制定科学的管理制度，更好地维护员工权利。

新型经济全球化还让跨国企业享受到了全球资源配置优化带来的社会福利，这既包括物质资源、技术资源，又包括人力资源，为完善企业人才结构提供了有力支持。企业人力资源管理部门应当结合国际市场趋势以及本企业的发展情况，对人力资源做进一步优化配置。

三、技术因素

数字经济时代，数字技术不断赋能组织，这在人力资源管理领域也催生了大量的创新与实践，物联网、人工智能等先进的数字技术在人力资源管理中扮演着越来越重要的角色。在人才招聘方面，应用先进的技术能够大幅提升招聘的匹配效率，如今借助网络平台招聘已经成为各个企业招聘的主要方式，甚至有些企业在对应聘者进行面试时，采用的也是线上视频面试的方式。这有效解决了距离问题，节省了招聘者和应聘者的时间、金钱。

之前，人力资源绩效考核主要是人工进行数据搜集与整理，这种方法既耗费精力、时间，又容易出现差错，而随着大数据、区块链等技术的发展与应用，员工工作过程可以及时、完整地被记录，人力资源管理部门只要通过办公软件建立"员工数据点"，就可以随时获取员工工作状态，并开展绩效评估，实现对员工的高效、智能化监督。科学技术是用数据说话的，真实的数据是什么，它就如实记录与计算，这在很大程度上促进了人力资源管理的公平和透明，更容易获得员工的信任。

需要注意的是，科学技术的发展的确给人们的工作带来了诸多便利，但数字技术发展的根源是数字化人才的驱动，这也表明企业要获取数字化转型与进步，要想在新的社会环境中保持充分的活力，就必须拥有技术人才。这要求人力资源管理部门有技术化观念，能意识到技术人才的重要性，然后深度挖掘和吸引数字技术人才。由于这类人才对企业发展与个人发展具有更高的要求，因而人力资源管理部门要做好针对此类人才的激励制度与薪酬制度，避免人才流失。

四、教育因素

教育因素可以从国家教育水平与员工教育水平两个视角分析。

从国家教育水平来看，一个国家的教育水平会影响人才培养水平，这些人才进入职场后，其能力直接影响工作效率，最终对企业的整体水平产生影响，而企业的发展又决定了人力资源管理的发展方向与水平。由此可见，只有国家教育水平不断提升，一个国家的人力资源管理水平才会提升。

从员工教育水平来看，每一名员工在进入企业前都接受了不同程度的教育，他们的教育背景和自身学习能力等决定了他们对专业知识的掌握程度和解决问题的能力，影响他们的工作效率与质量。人们通常认为高教育水平和高技能、强创新能力相关联，企业人力资源管理部门引进这类人才，能够显著提高企业在科技和知识产业中的竞争力。另外，企业中的成员如果教育背景是多样化的，那么他们的思维方式也是多样化的，这有助于企业在面对复杂问题时，能够从多角度进行思考与创新，增加了问题解决的途径，提高了问题解决的效率。

不论是国家视角下的教育因素影响，还是员工视角下的教育因素影响，都关系到员工职业发展的质量以及企业的生产效率与创新能力。对此，企业人力资源管理部门需要充分考虑和利用教育资源，借助教育资源优势优化管理，推动企业发展。

第二章
新时代人力资源管理的思维重塑

第二章 新时代人力资源管理的思维重塑

本章在论述三种思维时,主要基于人力资源曲线,如图2-1所示。

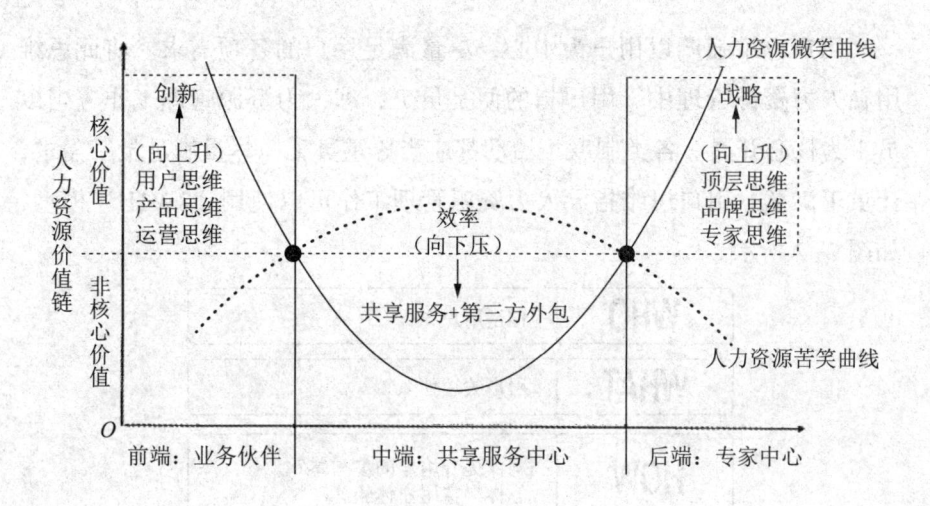

图2-1 人力资源曲线

就现阶段而言,虽然企业的人力资源管理部门随着企业的转型也在转型,但企业通常将转型重心放在中端,也就是共享服务中心上,对于前端和后端的转型比例较小,这种情况便呈现为是图2-1中的人力资源苦笑曲线。共享服务需要人力资源管理部门花费较多的精力对事务性工作进行处理,这导致其他板块转型与改革跟不上企业整体转型步伐。企业必须重塑思维,改变转型方式方法,努力朝着人力资源微笑曲线的方向发展,提高前端价值和后端价值,实现战略性创新。

第一节 创新思维

创新思维主要包括用户思维、产品思维和运营思维三大具体思维,这是发展前端、实现创新的重要指导思维。

一、用户思维

用户思维强调以用户为中心，尽量满足用户的各项需求。将此思维用在人力资源管理中，用户指的便是员工，即人力资源管理工作应当以员工为核心开展。各类制度、活动都应当尊重员工，尽量满足员工需求，让员工满意。用户思维指导人力资源管理工作可以使用"2W1H"模型，如图2-2所示。

WHO	谁是用户？
WHAT	用户关注什么？
HOW	怎样提升用户的参与感？怎样丰富用户体验？

图2-2 "2W1H"模型

第一，WHO，也就是谁是用户，此处指企业内部的员工。

第二，WHAT，即用户关注什么，员工在工作中更多聚焦于自己的岗位和自身发展，这与企业发展的关注点有所不同。人力资源管理部门需要做好协调工作，促使企业与员工之间的利益达成一致。

第三，HOW，即怎样提升用户的参与感，怎样丰富用户体验，指的是采用怎样的手段来激发员工的工作积极性，促使员工积极配合人力资源管理部门的工作，并对自己的工作薪酬、工作制度等感到满意。

人力资源管理者要想具备这种思维，一方面，需要深入了解员工的痛点（员工需要及时解决的问题）、痒点（员工的潜在需求）和兴奋点（能激发员工积极性的奖励），结合员工需求对原有的制度进行调整，但在确定最终制度时，需要与企业最高领导层进行沟通，明晰企业管理者对这些问题的看法，在获得最高领导层的许可后，方可结合员工需求开展制度落实与方法创新。另一方面，应当了解员工在工作中的疑虑与难处，并尽可能为他们提供资源与帮助，促使他们摆脱困境，以更良好的状态投入工作。

市场环境在持续变化，企业的管理策略与方法也在不断进行调整。在用户思维的引领下，人力资源管理部门要能够掌握和应对这些变化，能够从传统的管理模式中跳出来，深入关注员工的需求，了解员工的期望和职业发展目标，要结合实际情况灵活安排与调整员工的工作，要鼓励跨部门合作，为员工营造一个既能满足员工职业发展需求又能促进企业创新的工作环境。

二、产品思维

产品思维实际上是营销领域的一种思维，在竞争激烈的商业环境中，成功的产品既需要强大的技术支持，又需要产品经理具备深刻的产品思维。产品思维是一种综合的、跨学科的思考方式，它突破了传统边界，将用户体验、市场需求、商业模式等诸多方面都纳入了考虑范围。产品思维的核心原则就是用户至上、持续创新和数据驱动。这种思维用在人力资源管理中，就是员工至上、持续创新和数据驱动。

第一，员工至上。这个核心思想与用户思维是一致的。

第二，持续创新。新时期数字技术不断发展，人力资源管理工作应当积极引入新技术、新理念，以提高企业人力资源的竞争力，进而提升企业在市场中的竞争力。一个具有创新能力和较强适应性的人力资源管理团队，能够更好地支持企业的战略目标实现和业务发展。人力资源管理团队不断更新管理理念并以此引导自身工作，更利于企业吸引和留住优秀人才，使企业在不断变化的市场环境中保持活力和竞争力。

第三，数据驱动。进行数据分析，了解员工行为，可以指导人力资源管理工作进一步调整与优化。数据驱动使人力资源管理改变了传统的直觉驱动和经验驱动模式，形成了一种更加科学和客观的管理模式。因为数据是不会说"假话"的，通过收集和分析员工的工作绩效数据、培训反馈数据、员工满意度调查数据等，管理者能够发现企业中存在的潜在人才发展机会，也能够根据数据分析结果发现企业的发展瓶颈。通过数据分析，人力资源管理部门可以制订更合理的人才培养计划，调整薪酬福利政策，改善员工工作环境，进而增强员工的满意度与忠诚度。

三、运营思维

现实中，有些人力资源管理者在工作中已经非常努力，不论是在招聘环节、考核环节，还是在制定薪酬制度等方面，都付出了很多心血，但对企业的发展来说作用并不明显，这是因为，人力资源管理者在以下两个方面存在一定的差距。一方面，认知差距。这主要指人力资源管理者在开展工作时，工作的视角与企业最高决策层的视角相差过多，认知不在一个层次。举例来看，在进行人才招聘时，人力资源管理者对"人才"有自己的标准和看法，有的人力资源管理者完全按照自己的标准招聘人才，但这些人才与企业决策层期望的人才并不匹配，导致这些人才得不到重视，企业也不能获得真正能提高企业竞争力的人才。另一方面，能力差距。这主要是人力资源管理者没有将必要的人力资源管理工作前置，没有做到未雨绸缪，导致无法满足企业发展的要求。同样以招聘人才为例，如果人力资源管理者没有对空缺岗位进行深入了解，没有深入业务做好人才供应链管理，那么其在招聘时往往会耗费大量的时间，包括发布岗位说明书、收集与筛选简历、面试、办理入职等。在入职后，员工还需要一段时间适应岗位工作内容与流程，从进入企业到真正为企业创造价值，大概需要2～3个月甚至更长的时间，这显然不能满足企业管理者的要求。人力资源管理者应当不断提高专业知识与技能水平，结合企业发展情况和岗位空缺情况，快速发现人才、招纳人才，在日常工作中做好内外部的人才储备，以保证用人的时候有合适的人可用。上述两点表明企业人力资源管理者如果缺乏运营思维，不能站在企业运营的角度看待工作，就会导致工作效率较低，影响企业整体发展进度。从企业运营角度来看，运营思维是人力资源管理工作的重要起点，也是人力资源管理者需要具备的基本素质。

要具备运营思维，需要做好以下几点。

第二章　新时代人力资源管理的思维重塑

（一）理解企业业务拓展的基本路径

企业业务是企业运营的一大重要模块，人力资源管理者作为招贤纳士的人员，必须理解企业业务的基本内容，并清晰企业业务的拓展路径，这涉及五个关键点，即资本、运营管理能力、核心资产、产业组织能力、人才供应链。企业要进行业务拓展，就要有一定的产业基础，这是业务拓展的前提条件。现有的产业基础包括企业培养的人才以及企业经营所获得的经验，人才与经验都涉及人，尤其是企业的骨干员工。当企业业务规模不断扩大时，企业内部的人才也会随之增多，企业人力资源管理者应当将这些人才与经验纳入企业的经营管理知识体系，为培养新人积累素材，也为企业新的业务模块提供人才与经验，构建企业人才供应链。同时，企业拓展业务还会涉及融资，这要求企业打通资本市场，为新业务模块吸纳更多资金支持。企业进行业务拓展代表着企业需要管理的部门和项目越来越多，如何将这些部门进行有效组织与整合，成为人力资源管理者的重要挑战。

（二）成为"行家"+"专家"

要实现企业的发展，企业人力资源管理者既要成为领域的行家，也要成为专家。

所谓行家，就是要对本行业的运行规律有透彻的理解，要知道企业盈利的筹码是什么，自己的岗位需要做什么事情。例如，企业要招聘一个项目经理，那么人力资源管理者在面试应聘者时需要和对方谈什么？怎样判断对方是否适合本岗位？只有深入了解此岗位的业务内容，人力资源管理者才能为企业空缺岗位选择更合适的人才。另外，不同企业有着不同的企业文化和运营体系，工作方式和运营理念也不尽相同，人力资源管理者对于这些差异，要有鉴别能力，要能保证招聘的都是对的人，进而为企业打造人才供应链。只有人力资源管理者成为行家，才有可能引进更多的专业人才。

所谓专家，就是人力资源管理者应当精通此领域的专业知识与技能，能够运用底层逻辑和理论知识解决工作中的问题。人力资源管理者拥有丰富的、扎实的经验，面对各种棘手问题，不畏惧、有逻辑，知道如何正确处理问题。同样以招聘为例，人力资源管理者要熟练掌握岗位说明书的编写、面试需要提的问题，在说服应聘者时有技巧、有方法，能够对招聘过程中的每个环节进行科学管控。在此需要注意两点：一是有的人力资源管理者认为自己是专业的人，对于自己过于自信，认为自己可以做好企业的人力资源管理工作，但对企业其他业务模块的专业知识缺乏正确的、全面的理解；二是有些人力资源管理者更相信实践，对理论知识与方法不够敬畏，认为经验在人力资源管理中的作用才是最重要的，故在工作中过多倾向对业务模块的了解，而忽视对理论知识的学习，这种情况很容易影响企业人才供应链的质量。

基于上述分析，人力资源管理者必须既重视知识和经验积累，又不断进取，开阔视野，善于学习，积极接受先进的管理理念与方法，构建"行家"+"专家"组合，让"行家"带领"专家"做好人力资源管理工作。

（三）采取针对性的管理优化措施

首先，针对性的管理优化措施要求人力资源管理者深入分析组织当前的运营状态和员工的具体需求。这一分析既包括对财务数据、员工绩效和流程效率等硬性指标的评估，也涵盖员工满意度、工作环境和企业文化等软性因素。例如，通过定期的员工满意度调查和退职面谈，人力资源管理者可以获得关于组织环境和个人发展需求的第一手资料，这些信息是采取针对性措施的基础，有助于确保实施的策略能够直接解决核心问题。

其次，采取优化措施，应考虑到创新性和可持续性。在当今快速变化的商业环境中，靠传统方法难以持久地解决问题，对此，人力资源部门需要依托创新思维，探索新的管理实践方式。例如，引入灵活工作制度和远程工作选项，是适应未来工作趋势的一种策略。此外，利用高级数据分析和人工智能来优化招聘流程和评估员工绩效，可以更精准地匹配人才和岗位，提高管理效率。

最后，持续改进和反馈机制的建立是确保管理优化措施有效性的关键。在实施新策略后，人力资源部门必须通过持续的监控和评估来跟踪其效果，这包括设置明确的性能指标和进行定期审查，以调整策略适应不断变化的环境和员工需求。要鼓励员工参与到改进流程中来，这既可以增加他们的归属感和满意度，也可以使他们获得宝贵的反馈，这些反馈是从管理层和数据分析中难以直接观察到的。

通过这些深入的分析、创新方案的实施以及持续的评估和改进，人力资源管理部门能够有效地采取具针对性的管理优化措施，从而在新时代推动组织的持续发展和员工的职业成长。

第二节　效率思维

从人力资源微笑曲线可以看出，效率集中于曲线的中端，即共享服务中心，要提高效率，就要将此环节与人力资源管理的事务性工作进行有机协调与统一，使人力资源既能进行分散管理，又能进行集中管理。在人力资源管理工作中，保持效率思维是提高效率的重要举措。

一、"事务型HR"的转型

传统人力资源管理主要是事务型，即集中精力于事务性工作的处理，包括花费大量的时间对应聘者的简历进行筛选、组织应聘者进行多轮面试、计算与核对员工的绩效等，这些事务性工作导致工作效果不明显，且员工的体验感也不能得到改善，长期下去，这种类型的人力资源管理者很可能被淘汰或者被边缘化。对此，人力资源管理者必须重塑工作思维，提高自身的核心竞争力，从"事务型HR"中走出来，具体可以从以下四个方面着手。

（一）制订计划

在现代化环境中，企业对人力资源管理者的期望已经从传统的行政执行者转为能够通过技术驱动业务量增长的战略伙伴。人力资源管理者要想适应这种变化，应当制订详细的、全面的计划，借助自动化工具和职能系统，优化事务的处理流程，减少事务性工作的处理时间，并将精力集中在战略性任务上。在制订计划时，以下两个关键步骤需要注意。

1. 需求分析

人力资源管理部门要对企业在人力资源管理方面的需求进行深入分析，评估现有的人力资源管理流程中的各个环节，筛选出那些可以被自动化的环节；要对现有的人力资源管理系统做全面审查，找出系统的漏洞并进行登记，以便后期更快捷地填补漏洞或做进一步优化处理，确保新系统的功能能够助力实现企业的战略目标。

2. 技术选择

基于需求分析结果，企业人力资源管理部门需要选择合适的技术解决方案，通过对当前市场上的人力资源信息系统（human resource information system, HRIS）和人力资源管理系统（human resource management system, HRMS）进行评估，选择出最能满足企业发展需求的系统，并确保该系统具有良好的扩展性、安全性、用户友好性及与企业其他系统的兼容性。

（二）执行计划

高效的执行力是确保计划落地的关键，人力资源管理部门在执行计划时，应当将整体的计划拆解成可操作的步骤或任务，使每一步计划的执行都更加清晰、明确，更具可度量性。另外，拆解整体计划更便于给每个小计划设定完成期限，这在很大程度上能提高工作效率。假设一个整体计划是为人力资源管理部门引入一个新的系统，那么可将此工作拆解为软件的选型、采购、安装、测试和最终对员工的培训等步骤，且将每个步骤都分配明确的责任人与完成时间，最终确保项目按计划推进。

在计划执行过程中，还会涉及资源分配与管理内容，人力资源管理部门必须对预算进行科学调整，对外部专家的聘请和内部员工的任务进行重组，保证资源分配的科学性，避免在计划执行过程中无法及时、科学应对突发事件的情况出现，也避免超支与延期情况发生。

计划不是由一个人来执行的，可能需要多个部门的配合，在这个过程中难免会发生意见分歧或者矛盾，这就需要做好持续的沟通工作，采用良好的协调机制。人力资源管理部门本身就在企业各个部门之间起连接作用，所以更应当主动开展沟通工作，可以定期召开会议，讨论企业各项目发展情况，讨论企业面临的问题，引导各部门积极发表意见与看法，确定应对策略。

（三）检查进度

在"事务型HR"转型过程中，企业人力资源管理部门需要建立一套科学的项目管理和进度跟踪机制，采用快捷的项目管理方法，将大的项目拆解为多个小的迭代周期，每个周期完成特定的目标，并对完成结果做科学评估。如果发现项目进度缓慢，应及时调整工作方式与方法，加快项目进度，确保整体项目按预期进度进行，做好进度控制工作。

（四）应对变更与灵活调整

在复杂多变的当代社会中，环境的变化可能会影响企业的发展方向与计划，企业核心领导人的变动也可能造成企业整体发展方向的变动，当出现这些变更时，企业的人力资源管理部门需要及时采取科学的应对策略，必要时还应当对组织结构进行调整，以提高企业的效率，促使企业适应新的市场需求。当组织结构发生改变时，企业的结构、战略和运营情况都会随之发生改变。具体来说，组织结构变更包括重新调整部门、重新定义角色与职责等，这对企业来说，是一项降低成本的高效措施。

二、跳出"专业深井"

效率思维要求人力资源管理者在完成人力资源管理工作时，应当综合考虑企业的各项业务发展情况，使企业在发展自身专业领域的同时，考虑怎样提高工作流程的效率、降低成本、增加员工满意度，人力资源管理者要跳出"专业深井"，实现企业整体效益的最大化。除此之外，这种思维的转化与重塑，可以帮助人力资源管理者从支持角色转变为战略伙伴，有利于推动企业健康可持续发展。

人力资源管理者要跳出"专业深井"，需要从基调、规范与制约、机会、就业和热点四个方面着手。

（一）基调：把握当前大环境

人力资源管理者应当具备宏观视野，能够洞察企业整体战略和整个行业的发展趋势，这是保证相关机制科学性的前提。效率思维强调工作结果，所以人力资源管理部门必须优化自身工作流程，采取快速调整人才的策略，确保企业在动态发展中各项需求都能得到满足。

在经济全球化和信息化快速发展的时代，企业所处的外部环境变幻莫测，市场中的宏观经济形势、行业动态和技术创新都会对人力资源管理工作产生不同程度的影响。人力资源管理部门应当具备敏锐的洞察力和前瞻性的思维，这是效率思维在人力资源管理中的具体体现。人力资源管理者要预测外部环境给自身工作带来的影响，并迅速调整管理策略，确保员工的工作效率。

（二）规范与制约：政策的变化

社会环境的改变也容易引起行业政策的调整与变化，企业人力资源管理部门应当具备广阔的视野，能够理解和响应政策变化带来的影响。人力资源管理者应当具备政策解读能力，能提炼政策的核心所在，能够将政策的内涵做正确解读并将其应用于日常管理中。如果社会保险政策

第二章　新时代人力资源管理的思维重塑

或者劳动合同政策等出现了更新，人力资源管理者不仅需要理解政策内容，还需要评估这些政策的变化对企业用工成本以及员工福利的影响，能够结合企业的实际情况对用工制度与薪酬福利结构做相应调整。

政策的变化在给人力资源管理工作带来挑战的同时，也会带来一定的机遇。例如，国家非常支持灵活用工，一些地方政府制定了具体的政策以增强企业用工的灵活性。基于这一背景，人力资源管理者可以考虑引入兼职、临时工、远程办公等多种用工形式来应对市场的不确定性，保证在劳动力成本出现波动时对企业的效益不会产生较大影响。有的企业是跨国企业，这些企业的人力资源管理部门还需要密切关注国际劳工政策的变化，利用先进的人力资源管理系统与数据分析工具对政策变化进行实时监控，作出预测性分析。企业的用工制度如果不合理，很可能涉及法律问题，对此，人力资源管理部门还应加强与法律顾问以及政策专家的沟通合作，在保证用工制度的调整符合政策要求的基础上，使企业利益最大化。

（三）机会：定位要准确

人力资源管理部门应当对企业有全面的了解，发现企业的发展潜力，能够根据企业的长远发展战略，主动识别关键岗位，进行人才梯队建设。如果企业有新兴的业务机会，人力资源管理部门需要及时作出反应，快速进行人力资源配置和人才开发，为业务部门抓住市场机会提供有力的人力支持。每个人都有自身的价值和擅长的领域，要想让他们在企业中实现价值最大化，就需要企业人力资源管理部门实施有效的人才吸引、开发与保留策略，建立和优化人才绩效评估系统，帮助员工进行职业发展路径规划，使每一位员工都能在正确的时间、正确的位置发挥最大的价值。

（四）就业和热点：值得关注的趋势

随着社会经济的发展以及科学技术的不断进步，新产业、新业务和新模式的转变将给人们创造更多新兴行业和新岗位，就业空间在不断拓展。但就现阶段来看，我国在促进就业方面仍然面临不少挑战。面对这些就业问题，企业人力资源管理部门应当做全面分析，对企业结构进行优化，采取具有吸引力的招聘政策和人才培养政策，促进就业质量的提高和数量的合理增长。

近年来，随着数字技术的发展，灵活就业成为一种新型就业模式，正在迅速崛起并改变着人力资源管理的格局。这种就业模式要求企业人力资源管理者必须更新观念，建立灵活多样的用工机制，开发多种类型的灵活就业岗位，如项目制工作、远程工作等，推广弹性工作时间制度，满足员工平衡工作与生活的需求。

另外，在多元化和人性化社会中，包容性在现代企业价值中占据的位置越来越重要，为了促进社会的公平公正，国家也越来越重视残疾人就业问题，残疾人就业逐渐成为社会热点问题，对于残疾员工的招聘和激励已经成为衡量企业社会责任感和人力资源管理水平的重要标尺。因此，企业人力资源管理部门在招聘员工时，应考虑到残疾人的职业诉求，针对残疾人制订明确的招聘计划。对于已经入职的残疾员工，人力资源管理部门应尽可能加强对他们日常工作的帮助与关爱，为他们提供特殊的设备与工具，帮助他们选择个性化的发展路径。企业人力资源管理者应确保残疾员工与其他员工在工资、晋升和奖励方面享有平等的机会，在企业中打造人人平等以及尊重残疾员工的工作文化，促进员工间的互尊互爱，进而为企业赢得更高的品牌声誉，提升团队的多样性和创新能力，提高员工的工作效率。

三、数字化生存

数字技术的应用在提高办公效率方面发挥了巨大的作用，有效降低了人工的差错率。2023年，中共中央、国务院印发的《数字中国建设整体布局规划》，明确了建设数字中国新的目标任务和战略部署，体现了国家对数字化发展的重视，也彰显了数字化对经济高质量发展的重要助

第二章 新时代人力资源管理的思维重塑

推作用。企业生存与发展的重要目标就是获得利润，因而将数字技术应用到企业经营中，对企业高质量发展具有重要作用。人力资源作为企业竞争的一大要素，也必须进行数字化转型。数字化对人力资源管理的影响是全方位的，人力资源管理者应当破除思想上的桎梏，构建数字思维和效率思维，明确数字技术对提高工作效率的重要性，主动了解和掌握数字技术的最新发展趋势，要具备将数字技术渗透到组织战略、价值链以及组织架构中的柔性能力，探索出兼具可行性与创新性的工作模式。与此同时，企业人力资源管理者还应当鼓励员工围绕业务活动与工作方式积极开展深入探索，为员工提供学习数字技术的机会与实践路径。

但需要注意，数字技术在给人力资源管理工作带来巨大便利的同时，也可能产生一定的安全隐患，人力资源管理者应当重视数字安全问题，在工作中应用数据时要合理、合法，要对企业内部的数据进行严密保存，保证数据安全。可以请专业技术人员建立严密可靠的数据管理体系，并对员工开展数据使用技术原理和注意事项的培训，提高员工对数据使用的认知，加强员工对数据安全性和互利性的认识。数据的应用是一把"双刃剑"，如果使用不当，数据既不会发挥作用，还容易限制员工发展，引发恶性竞争，影响员工工作效率，最终影响企业的长久可持续发展。

随着技术的进一步成熟，未来数字技术还会与更加多样化的管理方式进行融合，其对人力资源管理的赋能也将逐渐从提供服务价值延伸至提供数据价值，为企业决策提供咨询式赋能，有效提升企业决策的科学性。人力资源管理数字化转型是一个持续迭代、不断进步的过程，如何在数字化环境中生存，以数字化能力提升工作效率，成为当代企业人力资源管理者要考虑的重要问题。

第三节 战略思维

从人力资源微笑曲线中可以看到，战略属于曲线的后端，即专家中心，与此息息相关的是战略思维。企业人力资源管理者只有具备战略思维，才能应对日益复杂的人力资源管理挑战，切实提高人力资源管理的核心价值。

战略思维具有长期导向性，人力资源管理者需要从企业长远发展的视角出发，站在更高的维度思考问题，要看得更长远，而不是仅仅盯着短期价值。从企业长期发展视角看问题，会涉及多个因素与变量，人力资源管理者应当对企业内部的人才供应情况、员工发展情况、部门间的协调情况、新业务发展情况等多个方面进行综合性思考，选取全方位的人力资源管理策略。战略思维虽然强调着眼长远，但是也要聚焦当下，因为战略最终是要落地的。本书认为战略思维包括顶层思维、品牌思维和专家思维三个方面。

一、顶层思维

如果将企业的人力资源管理看作一幢大厦，那么关于人力资源管理的顶层设计则是大厦的地基与四梁八柱，能够保证大厦的坚固性，对于企业发展来说就是能够确保企业的战略方向大致是正确的。所谓顶层思维，就是要从战略的高度来审视自己的工作，人力资源管理部门要结合企业发展战略确定自己部门的目标，要作全局性的思考。有些人力资源管理者在开展工作时，没有到企业一线进行深入调研，在没有了解一线业务需求的情况下就做一系列工作，今天定制度，明天做考核，后天又对员工进行培训，导致很多工作只是人力资源管理领域的专业内容，不能真正满足企业发展需求。

第二章 新时代人力资源管理的思维重塑

顶层思维要求人力资源管理者做好以下几点。

(一) 设计组织架构

组织架构是企业流程运转、部门设置和职能规划的结构依据,其关键是分工,如企业要开发衍生产品产业链,那么这件事情由谁负责?是由企业原本的业务销售部门负责,还是单独成立一个衍生产品项目负责部?负责该项目的人员又都有怎样的职责与权限?这些就涉及企业的组织架构与职权分配问题。

(二) 做好人才盘点

人才盘点是人力资源管理中的一项重要工作,需要对组织内的人才进行全面评估与分析,便于人力资源管理者、企业领导者了解员工的能力、潜力和发展需求。顶层思维要求人力资源管理者做好人才盘点工作,保证人才盘点的数量与质量。在数量方面,要针对某个岗位或者某个项目,盘点适合的员工有多少?实际需要多少?如果需求量大于适合量,人力资源管理者就应当及时开展招聘工作,解决缺口问题。在质量方面,要盘点和评估现有员工的能力水平如何,能否胜任岗位和项目要求?此时可以借助人才九宫格模型,如图2-3所示,发现现有组织中人才的差异。

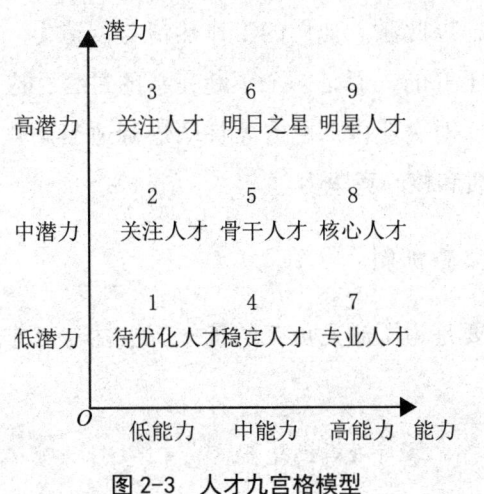

	低能力	中能力	高能力
高潜力	3 关注人才	6 明日之星	9 明星人才
中潜力	2 关注人才	5 骨干人才	8 核心人才
低潜力	1 待优化人才	4 稳定人才	7 专业人才

图2-3 人才九宫格模型

（三）梳理关键岗位

企业的资源是有限的，人力资源管理者需要将资源向关键人才倾斜，对关键岗位和关键人才加以重视，采取一定的措施确保关键人才最大限度发挥关键价值。[①]举例来看，假如企业一年的利润主要依靠销售部门获得，那么企业人力资源管理者应当意识到销售岗是企业的关键岗位，针对此岗位的员工，应当采取更大力度的奖励措施，在企业奖金分配方面，该岗位应当获得较大占比。

（四）建设人才梯队

建设人才梯队是实现企业战略目标的重要保障，人力资源管理者要构建管理思维，做好人才梯队的建设工作，为企业培养和储备一批具备战略眼光、创新能力和执行力的优秀人才。企业内部人才梯队的建设相当于对企业进行内部造血，这样能够减少人才流动与流失，降低人才外部招聘成本，通过充分、高效配置，让优秀的人才到更重要的岗位上去，为企业实现战略目标作出更多贡献。人力资源管理者应当根据企业的人才需求，构建不同层次的人才梯队体系，包括基层员工、管理人员、技术骨干等，并为这些员工提供多方位的培训机会，如岗位培训、职业规划、技能提升等，以此激发他们的工作热情与创造力。企业的人才梯队建设并不是一成不变的，而是一个不断完善的过程，应当结合市场环境和企业发展需要，对企业内部的人才梯队进行适当调整与完善，确保人才梯队的整体素质和核心竞争力。

（五）设置配套机制

配套机制主要是为了激发员工的工作积极性与工作热情，常见的配

---

① 众合云科研究中心.数字化时代的 HR 实战宝典[M].北京：电子工业出版社，2022：24.

套机制有晋升机制、薪酬机制、激励机制等。

人力资源管理者可以根据企业发展战略和工作需要，对企业内部人员实行竞争上岗的晋升机制，设置多条晋升通道。但晋升级别要逐级递进，采用阶梯式晋升方式，同时打通晋升通道和学习培训的接口。员工晋升意味着其岗位职责与工作内容发生变化，这些变化对其能力有了更高的要求，对此，必须加大培训力度，确保员工晋升后能够尽快适应和胜任新工作。晋升流程通常包括进行内部公告与报名、职位申请与候选人评审、公示通过终审的拟晋升人员、进行入职培训。

合理的薪酬机制能够让员工感受到被尊重，有利于增强员工的自豪感与自信心。薪酬机制主要包括两个方面：一是薪酬体系的设计，二是员工日常薪酬管理。在进行薪酬体系设计时，要综合考虑薪酬水平、薪酬结构等问题，要遵循经济原则，在控制人力成本的同时，给予员工最大回报，针对不同的岗位，可以适当拉开收入差距，充分调动员工的积极性。

激励机制同样会调动员工积极性和创造性，员工积极性与创造性的增强有助于实现企业的发展目标。人力资源管理者也能够通过激励机制发现员工的内在潜力，为员工提供助推力，进而提高员工的工作效率与业绩。激励机制要做到物质激励和精神激励相结合，要讲求差异性和适度性，做到奖惩分明，同时要加强对员工的人文关怀与尊重，作为管理者，要为员工的需求考虑，对于表现优秀的员工，要给予充分的肯定。

二、品牌思维

人们每天都在与各种各样的品牌打交道，不难看出，对于知名度较高的品牌产品，人们往往更信任。品牌对企业的发展具有重大影响，能够为消费者提供更大的保证。如果一个不知名的品牌向消费者承诺："我们的品牌影响力虽然不大，但是我们的质量非常好，绝对物美价廉。"消费者对此通常并不认可，也许消费者还会认为"一分价钱一分货"。由此可见，品牌能够提升消费者的信任度，让消费者更信任产品质量是有保证的，品牌发展可以提高渠道话语权，这对实现企业发展战略目标具有重要作用。

品牌思维本身是一种营销思维，同样适用于人力资源管理。人力资源管理者必须具备品牌思维，洞察品牌的重要性，帮助企业塑造优秀的品牌，提高企业品牌影响力，具体包括以下五个方面。

（一）评估企业形象

人力资源管理者应当对企业的形象和运营效率做全面审视与评估，找出需要改进的关键领域。人力资源管理者应当给予员工充分的发言权，了解员工在企业品牌方面更重视哪些维度，以掌握员工最关心的问题。

（二）讲好品牌故事

人是感性的，利用这一特点，企业人力资源管理者应当讲好品牌故事，创造情感共鸣，与员工建立情感链接。一个感人的、具有激励作用的品牌故事能够触发员工内心深处的情感需求，提高员工对企业品牌的认知度和忠诚度。要讲好品牌故事，就要将品牌故事的情节以有趣的方式呈现，并向员工传递品牌的价值观，让员工了解品牌的核心价值与理念。另外，品牌故事还应当与时俱进，契合员工的需求，给员工一定的新鲜感，使员工对企业更感兴趣。为了提高品牌故事的真实性，可以将员工与企业的真实过往融入品牌故事中，也可以直接邀请员工讲述自己在企业中成长发展的故事。

（三）利用社交媒体

随着互联网技术的快速发展，如今利用社交媒体交流已经成为人们喜爱的社交方式，社交媒体为人们交流与沟通提供了一个平台，它能有效地将人们之间的互动从线下转为线上，解决了人们互动的空间受限问题，给人们带来了巨大的便利与乐趣。社交媒体不仅可以让人们进行沟通交流，还能传递新闻等信息，人们能够在第一时间获取新闻等信息，

第二章 新时代人力资源管理的思维重塑

这提高了重大社会议题的透明度。企业人力资源管理者应当认识到社交媒体的优势,并积极利用社交媒体进行品牌宣传。不同的社交媒体有着不同的特点与受众群体,企业人力资源管理部门应当结合自身企业的品牌定位以及目标群体,选择合适的社交媒体进行推广。

社交媒体本身是一个互动性非常强的平台,企业人力资源管理部门在社交媒体上发布与本企业文化、发展背景、价值观、产品特点等相关的内容后,不能置之不顾,应保持一定的活跃度,主动参与讨论、评价,以便社交媒体用户对企业有更进一步的了解。人力资源管理部门也可以加强对与企业品牌相关话题的关注,积极参与评价,分享自己的看法。

社交媒体具有很强的公开性和透明性,企业人力资源管理部门可以利用数据分析工具对竞争对手发布在社交媒体上的数据做详细分析,了解竞争对手在社交媒体应用上的特点与优势,并反思自身在此方面的不足,进而作出优化策略,提高自身品牌竞争力。另外,企业也可以通过数据了解其他人对本企业发布内容的关注度,了解内容的受欢迎程度和人们的反馈,便于企业对后续的品牌社交媒体建设进行改进与完善,最终提高人们的参与度,让更多人了解本企业品牌。

(四)优化企业形象

格式塔理论又称格式塔心理学,属于一种心理学学派。该理论认为,整体的影响力和动力大于部分之和,主张从整体的视角来进行心理现象研究。这一理论应用到企业品牌塑造上,则要求人力资源管理者在对品牌进行塑造时,要从整体视角出发作深度反思,具体包括五点。

1. 品牌的视觉反思

在品牌视觉方面,所有肉眼可见的要素都属于品牌视觉要素,如企业员工的形象、企业的办公环境与装修风格、企业的团队形象等。人力资源管理者应当对员工的着装作适当规定,可以为员工定制统一的工装,也可以对员工不当着装进行明令禁止。企业的办公环境应当符合企业文化特点,配备的办公用品也应当与环境相协调。

2. 品牌的听觉反思

在品牌听觉方面，主要是企业的价值观，人力资源管理者应当加强对企业价值观的宣传，让员工在日常工作中接受企业文化与价值观，当被问及企业价值观的内容时，员工能够脱口而出。

3. 品牌的味觉反思

在品牌味觉方面，人力资源管理者可以从为员工准备的早餐、午餐、下午茶等方面入手，为员工提供多样化的美食，满足员工的味蕾需求，进而提高员工对企业的认可度与喜爱度，也可以将带有清香味道的物品应用到办公环境中，给员工营造轻松、芳香的工作氛围，使员工感到"家"一般的温暖。

4. 品牌的触觉反思

在品牌触觉方面，人力资源管理者应当反思企业为员工提供的办公设备质量如何，办公系统和工具智能化情况如何等。

5. 品牌的直觉反思

在品牌直觉方面，人力资源管理者需要反思自己在与员工以及应聘者进行交流和接触时，是否使他们对企业有良好的整体印象，在今后的工作中如何强化他们对企业的良好印象，如何提升他们的体验等。

（五）鼓励员工提出意见与建议

在当今竞争激烈的商业环境中，企业的成功往往离不开品牌形象的塑造与宣传，在这个过程中，员工发挥了重要作用。品牌是由员工共同创造的，也是由员工进行传播的，员工是企业品牌的传播者与推动者。对此，人力资源管理者必须注重员工形象塑造，并尊重员工的意见与建议，鼓励他们针对企业品牌发展提出宝贵的意见。通过打造优秀的员工品牌打造优秀的企业品牌，而优秀的员工品牌意味着良好的工作环境、福利、个人和职业发展，意味着提高员工满意度和员工敬业度，人力资源管理者需要在这些方面加强完善。

人力资源管理者在了解员工的意见与建议后，应做详细的分析与总结，并采用合适的改善策略，将这些意见与改善策略反馈给企业领导，待领导批准后，要以人性化的手段实施这些策略，并适当为员工形象塑造提供支持、开展培训，帮助员工提升自身专业素养，加强他们的职业道德与行为规范，最终共同为企业打造良好的形象，为企业赢得更多的商机与声誉，帮助企业在激烈的市场竞争中脱颖而出。

三、专家思维

罗伯逊（Robertson）在《问题解决心理学》一书中提到，不论在质量方面还是在数量方面，专家与新手都存在着显著的差异。该书还针对专家工作，列出了7个关键特征，如图2-4所示。

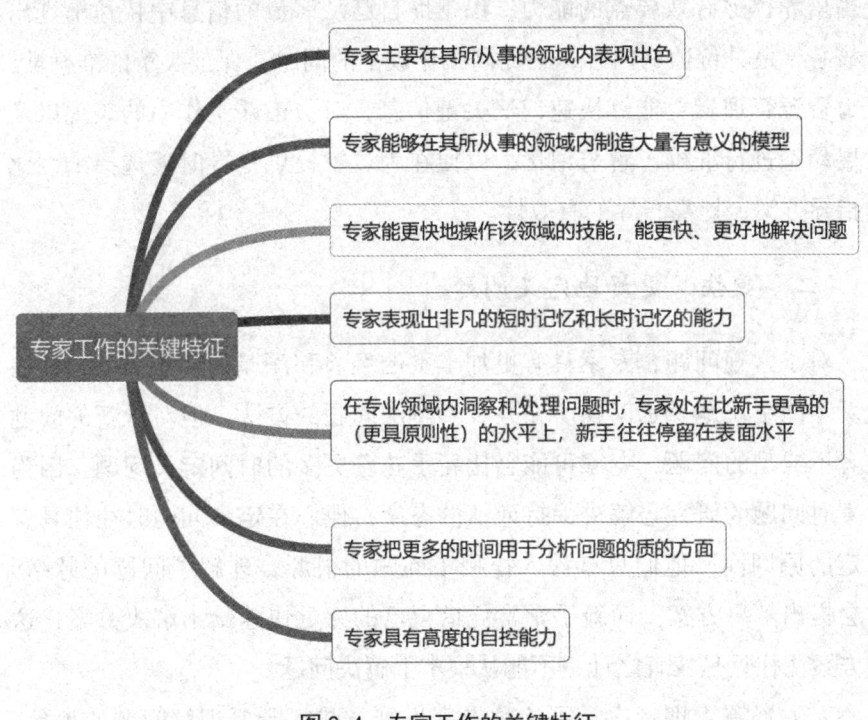

专家工作的关键特征
- 专家主要在其所从事的领域内表现出色
- 专家能够在其所从事的领域内制造大量有意义的模型
- 专家能更快地操作该领域的技能，能更快、更好地解决问题
- 专家表现出非凡的短时记忆和长时记忆的能力
- 在专业领域内洞察和处理问题时，专家处在比新手更高的（更具原则性）的水平上，新手往往停留在表面水平
- 专家把更多的时间用于分析问题的质的方面
- 专家具有高度的自控能力

图2-4 专家工作的关键特征

从图2-4中可以总结出，专家与新手在工作方面的差异主要表现在智力、思维方式和个性等方面。人力资源管理者在开展工作时，可以借

鉴专家思维模式解决工作中遇到的问题，主要包括以下几点。

（一）有充实的知识储备

相较于新手而言，专家往往有着充实的知识储备，这些知识储备使得他们在遇到问题时能够快速作出应对，从头脑中提取出自己需要的知识。人力资源管理者应当在建立基础知识储备基础上，深入学习招聘、培训、绩效管理、法律法规、沟通技巧、数字技术、人力资源管理系统应用等技能。在学习这些知识与技能的过程中，不能闭门造车，要积极参与人力资源管理社群活动，或者加入专业组织与协会，从其他人力资源管理者身上学习经验，获取资源。另外，人力资源管理者在工作中还应当培养提炼有效要点的能力，以帮助自己从海量的信息中快速筛选出最核心、最具价值的内容，在提高工作效率的同时，保证决策的准确性。人力资源管理者要能够快速记忆关键信息，对员工在工作中的表现以及发展动态进行准确了解与记忆，以便在为员工提供指导时能选择个性化的指导方案，提高指导的有效性。

（二）更快、更好地定义问题

对于常规问题，专家具有更加丰富的经验和深厚的知识储备，往往比新手能更快地识别问题所在并找到解决问题的方法。但对于新的问题或者不典型的问题，专家可能会比新手花费更多的时间定义问题。因为专家对问题的研究与解决保持谨慎的态度，他们在定义问题时往往具有一定的原则性，他们只有深入挖掘了问题的根源，理解了问题的脉络，才会提出解决方案。而新手常常凭借自己的感觉快速给出解决方案，这种方案往往只是权宜之计，不能从根本上解决问题。

人力资源管理者应学习这种专家思维方式，既要理解问题的表象，又要深入探究问题的根源。以处理员工绩效问题为例，人力资源管理专家在处理这种问题时，往往会分析背后的企业文化、员工动机和工作环境等，多维度考量，而并不是简单地对员工进行评估与培训，只有深入

第二章　新时代人力资源管理的思维重塑

的思考与全面的分析才能形成更有效的解决方案。

（三）在技能发展方面形成自动化的整合程序

在遇到问题和解决问题时，人们往往只能看到专家快速解决问题甚至使掌握的技能达到自动化的程度，殊不知，这样的结果意味着他们在背后付出了成千上万倍的努力，他们在自身领域内可能要花费数万小时进行钻研。人力资源管理者要具备专家思维方式，同样需要在技能发展方面进行钻研，扎实基本功，不断进行再教育与再学习，从而更加精准地分析人力资源管理问题，并提出更具前瞻性和创新性的解决策略。实际上，专业的不断深化除了可以增强人力资源管理者解决复杂问题的能力，还能增强他们的竞争力，促使他们在复杂的市场中站稳脚跟。

（四）提高自控能力与评估复盘能力

针对某项问题，专家在给出解决方案后，还会不断对给出的解决方案进行检查，不断思考有没有更好的替代方案。人力资源管理者要面对各种复杂的、敏感的员工问题，甚至是企业的组织变革和潜在的冲突，这些问题具有很大的挑战性，要想保证问题处理的效果，就必须不断提高自身的自控能力，保持客观和冷静，以确保决策的客观性和公正性。人力资源管理者可以定期进行心理调适训练，通过冥想、正念等提高情绪管理能力，在个人和职业发展方面，也要设定清晰的界限，确保健康的工作和生活方式，避免因过度消耗而无法处理好问题。

在评估复盘方面，人力资源管理者应当对人力资源管理工作的效果进行系统分析与评估，对过往的项目和决策进行复盘，建立一套结构化的复盘流程。通过评估与复盘，人力资源管理者可以不断审视自己的工作态度与职业素养，能够更加明确自己在工作中的优点与不足，进而完善自己的思维模式，更好地分析与解决问题。

第三章
人力资源管理的数字化转型

第三章　人力资源管理的数字化转型

第一节　数字经济与人力资源管理

一、数字经济概述

（一）数字经济的内涵

数字经济是一种新型经济形态，这与数字技术的发展有着较大的关系。在数字技术的驱动下，整个商业业态和行业业态都发生了翻天覆地的变化，在数字时代背景下逐渐整合与融合。数字经济有着多种发展形态，经济活动主要围绕大数据、5G技术、物联网、人工智能等展开。近年来，中国大力发展数字技术，深入实施数字经济发展战略，数字经济发展取得了显著成效。在未来，数字技术将成为引领社会发展的"火车头"。

（二）数字经济的特征

与传统经济形态相比，数字经济呈现出新的特征，主要表现在以下几个方面。

第一，数字经济带来生产要素的变革。在数字时代，数据成为推进企业生产与经营的要素，借助数据分析技术，管理者能够快速获取企业在生产过程中出现的各种问题与信息，能够通过数据对生产流程进行客观分析与预测，这既降低了人力成本，又提高了生产效率。从国家视角来看，数据是经济与技术发展的要素，一些国家的竞争就体现在数据发展的竞争上。就现阶段来看，数字时代的到来使得数据成为珍贵、稀缺的资源之一，拥有的数据越多，国家掌握的信息与知识就越多，由此利用数据创造的价值就越多，这对促进国家经济增长具有显著影响。

第二,数字经济带来创新方式的变革。之前,产业要想实现创新,需要做大量的调查、实验、计算、分析与总结等工作,这些工作过程复杂,耗费的时间也长,并且存在较大的风险。而数字技术的发展,特别是虚拟技术的发展,给产业带来了全新变革。使用虚拟技术,可以建立想要的虚拟镜像,并利用"数据+算法"来对模型做科学分析,得出想要的创新效果。这种技术大幅度缩短了新技术研发和量产的时间,为产业创新降低了成本,节省了人力、物力,提高了创新的安全性。除此之外,数字技术的发展还改变了生产主体的角色,生产主体以前是单纯的生产者,在数字时代,生产过程的参与主体还包括产品的消费者,成为生产-消费的结合体。这主要表现为调查消费者对产品的需求,积极采纳消费者对产品提出的相关建议,并将这些建议应用到生产创新中。这种转变使得生产主体更加多元化,创新方式也更加人性化。

第三,数字经济带来组织形式的变革。传统的产业组织呈现出纵向一体化特征,强调"组织效率法则",即生产主要以实现最高工作效率为目标,管理方式较为标准化和固定化。数字时代的到来、数字技术的应用使得社会环境和市场环境都发生了巨大的变化,传统的产业组织形式已经不能满足社会发展需求,新的组织管理体系正在发生演变与重构,生产要素配置范围不断扩大,生产更加注重平台化、网络化和智能化。有的企业甚至出现了协同生产的情况,在这种情况下,产业组织形式更加复杂,去中心化思想越来越明显,分布式的开源创新成为当前各产业创新模式新的发展方向。

第四,数字经济是互联经济。数字经济的发展得益于数字技术的发展,而互联网技术作为数字技术的核心技术,使人与网络、人与人、物与网络之间的联系更密切,促使各项价值互联。在互联网技术的赋能下,各种各样的信息可以实现有效共享,价值链开始重构,各项资源的价值得以更合理、更高效地分配,数字经济成为一种互联经济。

（三）数字经济的未来

第一，数字经济的普及性将进一步提高。数字经济的快速发展已经逐渐扩大至全球范围，全球范围内的资源配置和生产方式都受到了数字经济的影响，各行各业的生产都更加依赖智能化和细分化的专业技术，这些技术帮助企业在短时间内便可获得较大的经济效益。目前，数字经济已经深入影响了社会经济结构和人们日常生活，一些企业不论是在经营方面还是在生产方面，都利用数字技术得到了全面优化与升级。随着企业不断适应这种趋势，数字经济的普及性还会进一步提高。一些中国企业将数字化转型发展作为核心战略，未来将会有更多的企业实现数字化转型，这是一个显著的发展趋势。

第二，数字经济的服务性将更加显著。数字经济普及性的提高会使越来越多的人体验到数字技术的便捷性和高效性，这种形势也会促使更多数字经济产品迭代更新，人们对数字经济服务性的要求也会随之不断增加。为了更好地满足客户需求，企业要对数字技术进行不断更新，对数字化服务进行创新。近年来，数字化服务正成为服务贸易领域新的增长点，企业只有不断加强对数字技术的研发与投入，才能促进企业数字经济的发展和中国数字经济的发展。数字经济的服务性既体现在生产性服务上，也体现在生活性服务上，人们未来将享受更多高品质、多样化的服务。

第三，数字经济的规范性将进一步提升。虽然数字经济的快速发展为人们的生产与生活都带来了极大的便利，为促进经济发展作出了重要贡献，但与此同时，其也带来了一系列挑战与风险，如果利用不当，还可能对经济的稳定性造成不利影响。基于此，在未来发展中，国家将进一步对数字经济发展作出规范，相关的法律法规也将得到完善，进而更好地监管数字经济发展，为推动数字经济持续发展提供保障。法律法规的更新与完善，能更好地解决数字经济发展中出现的各种问题，帮助企业和国家构建一个更加稳定和可持续的数字化未来。

二、数字经济为管理带来新机遇

数字经济的发展对企业管理也产生了深远影响,为企业管理带来了诸多发展机遇,主要表现在以下五个方面。

(一)数据化决策

在数字时代,数据化决策是企业管理转型中的重要一环,将数字技术应用到决策中,可以利用大数据收集、分析和处理各种信息,并从海量的信息中提取出有价值的信息。具体来看,数据化决策能够为管理者提供实时的、基于事实的洞察,使管理者不再只依靠直觉和经验进行决策,而是根据数据分析结果作出更客观的决策。当今社会商业环境复杂多变,一些市场发展趋势和消费者的行为可能在短时间内发生较大变化,如果应用传统的决策方式与方法,很难有效应对这些快速变化。而数据决策则可以帮助管理者快速响应市场变化,结合用户数据、市场趋势和竞争对手的行为,作出更精确的市场预测与业务调整。

通过使用数据模型和分析工具,企业管理者还可以快速、高效识别效益最高的投资方向,也能预见潜在的经营风险,进而有针对性地对企业中的各项资源进行合理分配。当数据分析结果显示存在风险时,企业管理者也可以及时采取相应措施进行调整与优化,在很大程度上降低企业经营风险。

(二)个性化营销

个性化营销已经成为数字时代的一种新型营销策略,这种营销策略为企业带来了前所未有的发展机遇,主要原因是,个性化营销能够通过数据分析、人工智能和机器学习等先进的技术,对消费者的需求、偏好及行为模式进行深入探索与分析,能够帮助管理者选择有针对性的、个性化的营销方案。这种方案更加贴合消费者的期望,能够提升消费者的体验感和满意度。传统的营销模式较为单一和形式化,从消费者需求出发的较少，产品的服务信息相似，消费者无法体验到产品与服务的差异化和个性化，购买欲望并不强烈。在数字经济时代，消费者的个性化需求促使企业必须在管理理念上进行转变，要从以产品为中心转向以消费者为中心，真正把消费者的需求与体验放在第一位，要建立以消费者为核心的管理体系，不论是产品研发环节、市场营销环节，还是售后服务环节，都要以满足消费者需求为出发点。

个性化营销在实践中可能存在一定的隐私保护和数据安全问题，企业管理者应当以前瞻性思维看待这些问题，预先采取防范策略，实施严格的数据保护和隐私政策，并加强对员工安全意识和法律意识的培育，切实保障个性化营销中的数据安全。

（三）创新与协作

创新是企业在市场环境中获得竞争优势的关键，数字技术则为企业创新提供了更广阔的空间。人工智能能够帮助企业对市场进行精准预测，并促使企业推出个性化的客户服务，大数据分析技术能够为企业管理者提供更深层次的市场洞察，帮助其作出更科学的决策，实现市场空间的开拓，产品生产与市场服务的创新，使企业保持持续增长的竞争力。

企业要想适应市场和技术环境的变化，单靠内部创新是远远不够的，在数字时代，市场中的个体都是相互影响、相互制约、相互促进的，因而企业管理者应当加强本企业与其他企业的协作，打破传统的组织边界，建立开放的创新生态系统。在与其他企业合作的过程中，企业管理者能够学习到更多新的技术和理念，获得更多的资源和知识，有利于加速本企业的创新进程。企业还可以与客户建立密切的合作关系，在与客户沟通交流的过程中了解他们的偏好，并对产品和服务进行定制化开发。

除了与外部其他企业以及客户协作外，企业管理者还应当加强组织内部各部门间的合作，要优化组织结构与管理模式，使组织结构更加扁平化和灵活化，使管理模式更加人性化。企业管理者需要鼓励各部门积极分享信息，真正打破部门壁垒，促进企业内部资源与信息的流动，并推动创新思维的碰撞与融合。

（四）效率提高与成本降低

在效率方面，企业管理者可以综合利用大数据、云计算、物联网等技术对数据进行实时监控和精准分析，在较短时间内识别企业运转过程中出现的问题、发现的瓶颈，及时采取调整策略。这在很大程度上提高了企业生产与管理效率。另外，对于企业员工来说，企业提供的数字化办公工具和远程协作工具可以让他们随时随地访问所需要的资源与信息，及时与管理者进行高效沟通和协作。在线会议、共享文档和项目管理工具这些数字化手段的应用，大大减少了传统办公模式下的时间与空间限制，提高了员工跨部门协作的效率。

在成本方面，数字经济下的各种自动化和智能化技术，在很多工作模块都能够代替传统的人工操作，这既缩短了工作时间，又提高了工作的准确性，减少了人为错误，降低了企业的人力成本、物资成本和时间成本。对于企业招聘环节来说，人力资源管理部门利用互联网可以在网络中快速搜索和获取求职者信息，能够为企业快速找到所需要的人才。与传统招聘方式相比，数字化人才招聘在时间、质量和数量方面都有着显著优势。对于企业营销环节来说，数字化营销能够通过精准的客户画像和行为分析，进行个性化广告投放，也可以借助多媒体平台等与终端消费者进行直接沟通，减少了中间环节，大大降低了销售成本。

（五）开放新业务模式

数字技术为企业提供了丰富的工具与平台，企业借助这些工具与平台可以更快捷地进行商业领域的开拓。以共享经济为例，企业在互联网平台上可以对各种分散的资源进行整合，按客户需求提供服务，这种服务模式可以大大提高客户的满意度，从而为企业创造新的商业机会。除了对自身服务进行创新，开辟新的商业机会，企业还可以利用数字技术加强生态系统的构建以及跨行业的合作，通过开放平台、应用程序编程

第三章　人力资源管理的数字化转型

接口，与合作伙伴共享数据，共同开发新的应用与服务。

三、数字经济对人力资源管理的影响

人力资源管理的主要功能是搭建员工个体与组织共享平台，使员工与组织建立良好的契约关系，并对员工进行相应的赋能以使员工具有持续的创造力。在数字经济时代，员工对数字化办公的需求不断增加，企业对数字化人才的需求不断增加，这些需求的变化使得人力资源管理也发生了颠覆性的变革。在管理方式与手段的应用上、在为员工赋能的角度上、在员工绩效与薪酬管理上、在员工价值定位上……可以说人力资源管理的各个模块都发生了变化。企业人力资源管理部门应当积极应对数字经济带来的各种挑战，并抓住数字经济发展机遇，提升人力资源管理水平。

第二节　人力资源管理数字化转型思路

目前，"95后"和"00后"逐渐成为新时代的主力军，这些群体与"80后"在个性和思想方面都存在很大不同，他们更加向往自由，更加自信，对职场的办公环境、人文环境和工作价值都有着更高的追求。特别是这些群体基本是在互联网时代长大的，他们从小就开始接触网络，享受着互联网给他们的学习、生活带来的便利。针对这些情况，现代人力资源管理必须进行数字化转型，给员工带来更多数字化体验，满足他们的数字化需求。人力资源管理的数字化转型主要有三个思路，如图3-1所示。

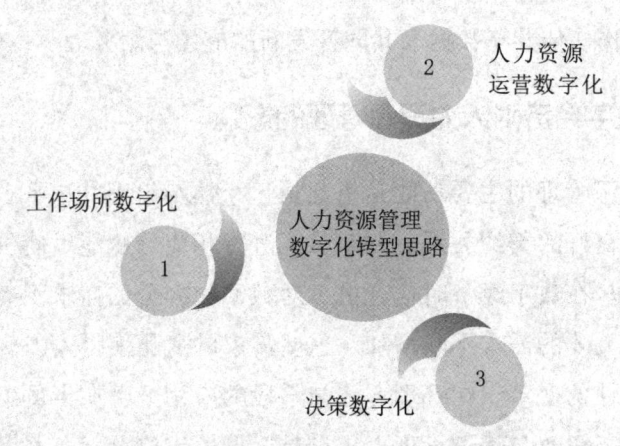

图3-1 人力资源管理数字化转型思路

一、工作场所数字化

纵观当今企业人力资源管理工作，不难发现，一些企业的人力资源管理者在进行招聘时可能会采取线上招聘的方式。另外，在员工组织方面，一些企业通过云会议、视频直播等方式组织员工召开会议和进行工作协调等，这种线上工作的模式弥补了传统线下工作模式的不足，大大节省了人们的时间，并且能够随时随地开展工作。一些企业为了更好地满足员工需求，让员工感受人性化关怀，积极创新企业文化，通过签到积分、权益兑换等多种形式来提高员工的工作积极性，让员工感受轻松、有趣的企业文化。

可以说，数字时代促使企业人力资源管理向数字化转型，而人力资源管理工作本身就是围绕人开展的，因而会进一步带动企业工作场所的数字化转型。通过打造数字化的工作场所，员工的工作方式也会随之发生改变，这有利于实现不同部门之间的密切沟通与高效协同。

下面，对人力资源管理数字化转型思路——数字化工作场所进行详细论述。在传统面试方法中，应聘者需要到企业找到人力资源管理者面对面进行沟通，并且工作内容大多需要线下完成，企业的工作场所位置是固定的，工作场所的环境也有限，这种局限性既不容易吸引应聘者，

第三章　人力资源管理的数字化转型

也给人力资源管理者为企业评估人才带来了一定的挑战。基于此，在数字时代，一些新型面试方式产生，并且逐渐多元化，本书主要介绍五种新型面试方式。

（一）技能评估工具

在数字时代，技能评估工具主要指的是在线测试系统，人力资源管理者对应聘者做一系列测试，就能够了解其基本性格、抗压能力、沟通交流能力、团队协作能力等，最终总结出其综合素质情况。目前，常见的测试系统有哈特曼性格测试、行为特质动态衡量系统性格测试。企业人力资源管理者借助这些评估工具，在很大程度上节省了面谈时间，也能通过系统客观评价应聘者，最终实现高效率的招聘。

（二）工作试用制度

人力资源管理者通过与应聘者面谈来完成招聘工作的方式可能导致其得到的信息不全面，对应聘者的能力和综合素质的判断具有较强的主观性。如今，一些企业开始采用工作试用制度，应聘者可以到企业正式的工作场所进行为期 7 天、30 天等不同时间的试用，试用期间应聘者与企业是相互选择的关系，如果在试用期应聘者对所处岗位或者企业发展不满意，可以自主离开，同样，如果企业认为应聘者不能满足岗位需求，也可以要求其离开。这种方式有利于人力资源管理者更切实地考察应聘者的工作能力，也有利于人力资源管理者对自身的选人能力进行自检。

（三）轻松的面试环境

上文已经提到，如今的"95 后"和"00 后"更加看重企业的工作环境，对工作环境有着较高的要求，人力资源管理者应当营造轻松的环境，让应聘者在轻松的环境中放松自我，从而更真实地表达自己的看法，让人力资源管理者更全面地了解自己。在数字时代，虽然这种工作面试方式没有涉及较多的数字技术，但这种环境能够提高面试效率，这种招聘方式越来越成为企业招聘管理的一种趋势。与传统面试环境相比，这种环境为应聘者提供了更多自我展示的空间。

（四）虚拟现实技术的应用

虚拟现实技术是一种计算机仿真技术，其能够形成一种虚拟环境，在这个环境中，用户能够拥有身临其境的感受。该技术的主要特点就是具有很强的交互性和沉浸性，游戏领域应用此技术较早，随着数字时代的不断发展，人力资源管理领域也开始应用该技术，特别是在招聘环节，对应聘者发布一定的任务，在应聘者完成任务时，人力资源管理者能够对他们的表现进行实时检测，便于更好地评估应聘者的能力。

除上述优势外，虚拟现实技术还能够为企业打造一个拥有高新技术且跟随时代潮流的品牌形象，这有利于加深应聘者对企业的印象，提高应聘者入职兴趣。

（五）视频面试

随着社会产业格局的不断改变和数字技术的普及，视频面试逐渐推广。视频面试主要包括两种形式：一种是企业人力资源管理者发送给应聘者一份问卷，里面包含专业知识、综合素质等方面的问题，应聘者通过录像回答这些问题，并发送至企业人力资源管理者；另一种是企业人力资源管理者直接与应聘者进行现场视频面试，双方可以随时进行互动交流。在利用视频面试时，人力资源管理者需要注意视频面试的环境，最好是企业工作场所，同时保持环境的安静。

社会在不断发展，时代在不断进步，如今一些工作场所不再具有局限性，云办公越来越普及，即使身处异地，只要有一台计算机，也可以完成工作。这种趋势在很大程度上体现了工作场所的变革与延伸。在这样的大趋势下，企业人力资源管理也应当紧跟时代步伐，积极创新，为员工营造数字化、新型化的办公环境。

二、人力资源运营数字化

在这个发展变化的社会，创新是企业在市场中站稳脚跟的必然路径，如今的创新已经不再局限于知识、产品和技术的创新，企业要在战略、运营和管理等方面加大创新力度。不论哪种形式的创新，都离不开人，可以说，企业创新的核心就是"人"。这就要求企业必须重视人力资源管理工作，注重人力资源运营。人力资源运营的方式与内容并不是一成不变的，而是随着社会发展和技术进步而不断更新的。从目前来看，人力资源运营数字化主要包括三个方面，如图3-2所示。

图3-2 人力资源运营数字化

（一）内容：智能分析员工特性，促进人岗协调

数字技术的出现与兴起为人力资源管理带来了诸多优势，数字技术如自然语言处理、机器学习等，能够为应聘者建立具针对性的个人心理档案，人力资源管理者能够根据这些心理档案对应聘者的世界观、人生观、价值观等有初步了解，判断其是否与企业文化及发展方向相匹配。另外，利用数字技术，人力资源管理者还可对员工入职后前几天的工作内容进行线上模拟，了解应聘者的工作能力，进而判断其是否适合该岗位，便于做好人岗协调。例如，人力资源管理者利用数字技术对应聘者进行测试，测试内容如下：

1. 下面几句话您更喜欢哪一句？
A. 谢谢您。　　B. 你太客气了。　　C. 不好意思，我现在没空。

2.客户想要在短时间内拿到方案,但您手头有其他更重要的工作,这个时候您更倾向于采用哪种方式回复客户?

A.暂不回复,等处理完手头工作再回复。

B.您好,实在不好意思,咱们这个方案必须经过科学的、严谨的考察和数据分析,为了保证方案的质量,我们需要花费一定的时间,希望您能理解。

C.对不起,您的要求我们无法满足。

通过上述测试,人力资源管理者可以判断应聘者的同理心和情商,进而分析其是否适合空缺岗位。

虽然数字技术本身是一把"双刃剑",利与弊共存,但是将其应用于人力资源管理中,效率较高。

(二)形式:借助大数据实施动态管理,发挥员工价值

大数据技术具有很强的战略意义,利用大数据技术可以实现海量信息的搜集与处理,实现数据的挖掘与分析,从而帮助人们更好地进行决策。利用大数据技术可以对员工实施动态管理,如借助数据挖掘系统,人力资源管理者既能了解员工的工作情况,又能收集员工对企业的反馈,还可以将这些反馈整合给领导层,最终找到最佳的运营策略。

人力资源管理工作的质量与员工工作积极性有很大的关系,人力资源管理者在使用新的数字化软件时,应当确保员工的使用率,允许员工访问和使用软件,让员工借助软件进行相互沟通交流与学习,使员工对工作和自身能力有更清晰的认识,从而有针对性地提升自己的专业能力。

(三)策略:给予员工自主权,提高员工满意度

以前,企业在针对某个问题确定相应策略时,参与者往往只有领导层,他们一旦作出决策,员工只能遵照执行,这种管理方式很容易使员工产生怨言,并且员工没有参与感很难与企业决策产生共鸣。如今,人性化、数字化运营要求给予员工充分的自主权,让员工参与决策,选取

策略时要积极听取员工的意见和建议。可以利用相关技术构建一个系统，允许员工发表意见与建议，这样既给予了员工自主权，又维护了员工的隐私，有利于激发员工的表达欲，实现策略思维的多维化，进而推动企业决策的优化，推动企业的创新与转型。人力资源管理者在这个过程中具有强大的协调与支撑作用。

对于领导层来说，这种形式有助于锻炼和提高员工解决问题的能力，促使他们在面对复杂的业务环境与要求时能够高效且及时应对，从而降低领导层管理工作的难度。

三、决策数字化

数字时代要求人力资源管理决策也应当数字化，人力资源管理者可以通过人工智能等技术自动生成人力资源管理报告。数字化管理已经成为人力资源管理的重大需求，其能够有效改善人力资源管理的流程，提高工作效率。要提高数字化决策的质量，人力资源管理者必须提升自己的数字化能力，具体包括以下三点。

（一）流程管理能力

数字技术的应用会改变人力资源管理的相关流程，人力资源管理者要提高自身流程管理能力，切实挖掘数字技术的价值与功能。例如，人力资源管理者可以使用人脸识别、指纹识别等技术进行日常考勤，在月末通过相关软件进行数据统计，这种考勤流程大大降低了考勤难度，节省了考勤时间，人力资源管理者可以将精力放在其他战略性事务中。

（二）平台及数据管理能力

在互联网高度发达的今天，海量的数据在给人们带来便利的同时，也带来了很多不便，对于人力资源管理者来说，并不是所有数据都是有用的，有些无价值的数据，或者未经正确处理的数据，并没有利用价值，甚至会干扰人力资源管理者决策。另外，数据的存储、备份、迁移以及安全管理等都需要耗费一定的成本，如果人力资源管理者不能高效管理这些数据，很可能造成成本超支，这不利于企业的发展。因此，人力资源管理者必须具备平台及数据管理能力，能够协同数据团队完成数据基础设施建设，开展数据治理、数据分析和数据挖掘等工作。

（三）数据敏感能力

人力资源管理数据对企业来说非常重要，数据泄漏很可能造成企业人才流失，企业人力资源管理者必须有超强的数据敏感能力，一方面要保护本企业的人力资源管理数据，为员工和企业提供更多安全感；另一方面要能够对数据进行快速凝练，能够结合自身专业能力与经验，将有效数据及时提取并加入企业相关战略执行和发展中去。

第三节 人力资源管理数字化认知重塑

一、人力资源管理的数字化水平等级

社会数字化推动企业数字化，企业数字化促使人力资源管理进行数字化转型，企业数字化的根本任务是挖掘企业更大的价值，实现企业的创新。人力资源管理部门作为企业重要组成部分，必须为企业释放更多的人才创造力，这要求人力资源管理者要对业务管理模式进行升级创新，要能够动态挖掘和响应员工与企业的发展需求。人力资源管理者在工作中要具备不断发现数据价值的能力，利用数字技术落实数据驱动管理决策。

数字化转型带给人力资源管理者的影响，一方面是管理理念的升级，另一方面是管理方式的升级，将这两个方面结合起来，便能反映出数字化人力资源管理水平。人力资源管理在不同的发展阶段有着不同的水平，本书将其归纳为五个方面，如图3-3所示。

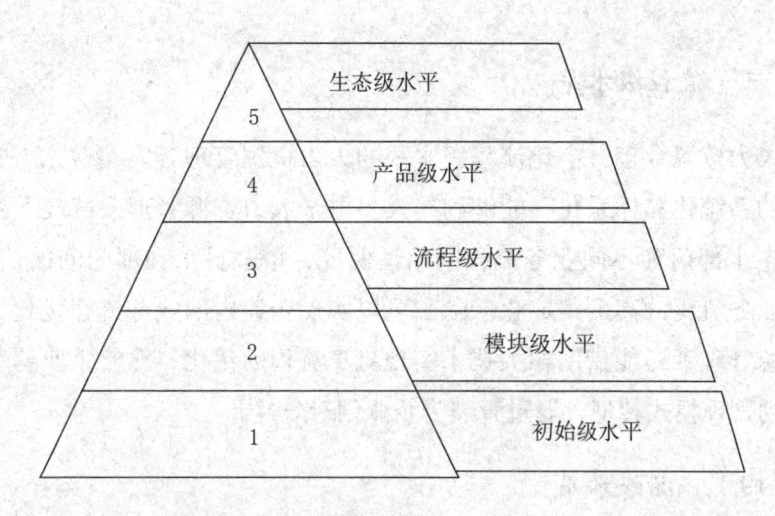

```
       生态级水平
   5
      产品级水平
  4
     流程级水平
 3
    模块级水平
2
   初始级水平
1
```

图 3-3　人力资源管理数字化水平进阶模型

（一）初始级水平

人力资源管理数字化初始级水平阶段人力资源管理者主要使用一些常见的、基本的数字化办公工具，如办公自动化（office automation, OA）、Excel 等，这些工具能够帮助人力资源管理者处理相关数据。这种方式只能在一定程度上提高人力资源管理者的事务性工作效率，对企业价值创造体系的优化作用很小。人力资源管理者在此阶段开展的管理工作依旧以经验管理为主，管理思维和方式都没有新颖的思路。

（二）模块级水平

人力资源管理数字化模块级水平，表明人力资源管理者已经掌握了一些专业模块深度应用信息技术，能够在日常工作中使用这些技术，实现办公效率与质量的提高。这些技术多用于人才招聘和薪酬核算环节，帮助人力资源管理者高质量选拔人才，提高用人水平。同时，薪酬核算可以提高人力资源配置水平。这一阶段的人力资源管理者职能细分更加明确，管理也更细化，能够将电子人力资源管理系统对应的工具和业务进行有机融合。

（三）流程级水平

人力资源管理数字化流程级水平的人力资源管理者能实现人力资源管理的系统化和体系化，能够利用大型电子人力资源管理系统提升企业内部各个部门和不同业务流程间的透明度，增强员工和部门间的信任，促进业务流程的高度集成化。除了可以实现企业内部业务流程优化，人力资源管理者还能借助相关技术实现自身流程的优化，促使企业朝着流程驱动管理模式转型，通过管理为企业创造效益。

（四）产品级水平

人力资源管理数字化产品级水平的人力资源管理者不论是在管理理念方面还是在定位方面，都发生了质的变化，他们对人才资源高度重视，清楚人才资源对企业发展的重要性，能够意识到人才资源的高质量配置是实现企业长久可持续发展的前提。在这个过程中，人力资源管理者能够为企业精准匹配人才，能够不断吸引人才、留住优秀人才，这些人才将高效助力企业的成功。同时，产品级水平的人力资源管理者有能力在人力资源管理基础上为企业搭建一个能够激发员工创造力的产品化平台，并利用大数据驱动管理，从而推动企业业务模式的更新。

（五）生态级水平

人力资源管理数字化生态级水平的人力资源管理者有着更广阔的视野，其能够从整个行业圈和生态圈看待问题，并获取想要的资源，或者在生态圈尝试开发数据，并利用产品工具和数据应用来提高价值交换的智能性，提高资源的互通和利用水平。生态级水平的人力资源管理者除了可以高效完成自身工作外，还能帮助企业做好跨界准备，为企业跨界储备资源，并具有较强的洞察力和前瞻性，帮助企业提升数字化水平，促使企业在数字时代实现质的飞跃。

通过上述分析可知，企业要想实现数字化转型，必须保证人力资源管理者具有数字化认知能力，要提高对数据的重视程度，深入挖掘数据，利用数据处理系统完成数据的整合与应用，并结合企业未来发展需求做好人力资源管理业务系统顶层架构设计，实现企业人力资源和整体组织的融合。人力资源管理者要为企业争取更多的资源，让企业跨出自身发展边界，帮助企业更快、更好地适应数字时代的发展趋势，提高企业竞争力。

二、人力资源管理数字化的跨越式进阶

在数字经济和数字技术的赋能下，传统企业为了适应市场需求，都在不断推动技术创新和产业转型，新时代的员工对职场环境和个人发展空间有了更多的期待，对此，当代人力资源管理者必须进一步反思和审视这些问题：采用何种手段才能改变传统管理模式，不再是管理员工，而是激励员工？通过利用各种数字技术，人力资源管理者应当在选拔人才、开发人才潜能、激发人才积极性等多个方面实现创新。

这具体可以通过三个方面来实现。第一，机制升级。要弱化传统的流程管理机制，更加关注员工的个性化属性，使员工更自主地投入工作中。第二，组织文化升级。为员工打造更加轻松、和谐的工作氛围，给予员工更多的自主权和选择权，减少限制与约束，使员工摆脱过度紧张感，从而激发员工创造性。第三，优化企业服务，提升服务质量，给员工提供更多的场景化体验机会，真正尊重员工，将人才服务产品化，提高员工的参与感。

如今，已经有很多发展较为成熟的技术理念应用到了人力资源管理工作中，如常见的卷积神经网络算法模型。该模型在图像分类、目标检测等方面已经取得了一系列突破性的研究成果，人力资源管理者可以应用这些成果实现对人才的识别、招聘和选拔。另外，如今的智能监控技术已经应用在企业运营中的各个环节，监控的原理就是依据目标监测，所以人力资源管理部门还可以应用此技术实现对员工的合理监控，随时掌握员工的动态，便于制定合适的管理策略。

基于互联网和信息技术的快速发展，人力资源管理系统也更加完善，既可以完成对企业内部员工的管理与服务，又能为企业的战略发展提供必要的支持。如今的人力资源管理相较过去更加开放，通过互联网能够链接到社会的各种资源，丰富本企业的资源。这种资源的链接打破了企业的边界，甚至可以超越产业的边界，将员工、企业、社会有效链接在一起。这种管理创造的价值将对三者产生共同影响，使三者紧密联系在一起，共同发展和进步。

在新时代，产品和服务是管理的重中之重，是实现管理价值的重要方面。人力资源管理者对市场进行洞察和分析，能够明确用户的需求，能够更懂用户，可以结合用户的需求以及企业的发展情况，对产品做进一步优化与升级，使企业产品走进用户内心。优质的产品往往对人力资源管理有着更高的管理诉求，为了实现产品价值最大化和用户满意度最大化，人力资源管理者必须将产品与服务作为日常管理工作的核心。如果人力资源在相应行业内能够实现生态共享，那么企业与企业之间、企业与个人之间都可以实现高效链接，人力资源管理者的工作形式和服务将更加多样化，更加灵活。伴随着数字技术的发展，未来还会有更多的企业参与跨界合作，虽然它们是不同的主体，但它们之间的界线将越来越模糊，取而代之的是人力资源管理的价值创造。

从上述分析中可以看出，不论是在技术方面、管理理念方面，还是在资源共享方面，我们都可以看到人力资源管理在企业数字化进程中的成长已经不是一步一步阶梯式的，而是实现了跨越式进阶。或许在未来，人力资源管理数字化成长跨度将更大，由此带来的价值不可估量。

三、人力资源管理数字化认知的"113模型"

人力资源管理数字化认知的"113"模型，如图3-4所示。

第三章　人力资源管理的数字化转型

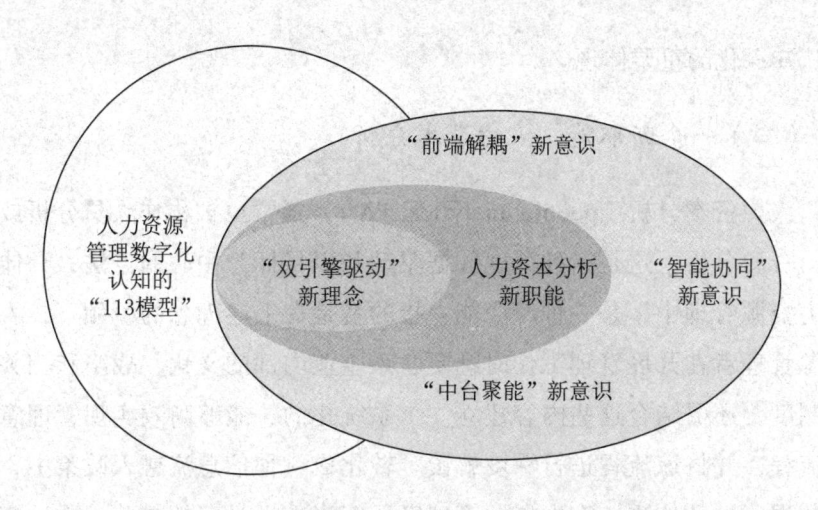

图 3-4　人力资源管理数字化认知的"113"模型

通过图 3-4 可知，"113"模型主要包括三大项：一个新理念、一个新职能和三个新意识。

（一）一个新理念：双引擎驱动的人力资源管理理念

所谓双引擎驱动，指的就是管理驱动与自主驱动的协同一致。以前，人力资源管理体系较为固化和制度化，一些决策由最高领导层决定，一旦决策已定，下级员工只能按照领导层的决策开展工作，这是一种自上而下的管理模式。这种模式使领导层具有了更高的权威性，但员工失去了自主性和积极性。而在数字时代，人们的思想观念发生了转变，管理的属性和数据的属性也被重新定义，这促使人力资源管理必须改变观念，要充分发挥员工的自主性，让员工具备自驱意识，这是保证员工价值得到充分发挥的关键。但这并不意味着领导层失去了权威性，而是在保留自上而下管理模式的基础上，进行适当的人性化管理，给予员工一定的发挥空间，实现管理驱动与自主驱动的结合，以提高组织活力，促进企业创新。这种理念就是双引擎驱动的人力资源管理理念。

在数字时代，利用双引擎驱动的人力资源管理理念指导人力资源管理工作，实际上是人力资源管理自身的一种变革，是人力资源管理数字化认知深化的重要体现。

(二) 一个新职能：人力资本分析

人力资本分析（people analytics, PA），通常也被称作人员分析或者人力资源分析，这是一种深度数据驱动和以目标为中心的方法，具体到人力资源管理中，是一种新职能，指的就是在上述理念的引领下，人力资源管理者在开展管理工作时既要联系企业内部的文化、战略和相关政治制度，还要结合这些内容建立一个系统化的、能够高效实现管理意图的流程，并将该流程进行深度解读，转化成一种信息流融入政策中，这是数据驱动的体现。人力资源管理者还应当重视员工的体验，通过产品化的形式彰显用户意图，以此提高员工的自我驱动力和创造力，这是以目标为中心的体现。

数据是企业进行决策的重要依据，在数字时代，数据越来越多，越来越复杂，PA能够帮助人力资源管理者有效衡量企业人力资源的配置，助力人力资源管理者保证整体绩效的质量。PA有很多核心思想，如数据科学思维、数据工程思维、智能化技术思维等，这些思维融合在一起，能够发挥出更大的价值。

(三) 三个新意识：前端解耦、中台聚能、智能协同

首先，前端解耦就是在场景化思维基础上，对传统的人力资源管理选人、育人、用人和留人等几个职能进行重新定义与构建，要以用户为核心，从用户的视角看待问题，了解用户真正的需求，采用场景产品化的手段，让用户产生强大的自驱力，从而使他们在遇到问题时，愿意自主思考和解决问题，由此一来便形成了一种闭环。这能够有效激发员工的自主性，使管理者减少了解决问题的时间，有利于企业更快速地实现业务发展。

其次，中台聚能指的是在数字技术的支持下，通过一个具有中台特性的平台，将工具、数据、信息等各种资源进行整合和优化。中台平台

将这些要素进行有效结合,能够聚集更多的能量和资源,为企业提供强大的支持。

最后,智能协同指的是利用智能化手段,使前端与中台实现高效的互通和互动。在人力资源管理领域,智能协同能够借助先进的数据分析和自动化工具,帮助人力资源管理部门更快速地响应业务需求和市场变化。通过这种智能化的协同方式,人力资源管理者可以更精确地管理人力资源,优化业务流程,从而实现更高效的业务运作和更精准的决策支持。

做好"113模型"三个方面的工作,能有力促进人力资源管理数字化转型,实现企业数字化发展。

第四章
人力资源管理的数字化战略

第一节　利用数据驱动人力资源管理变革

数据是数字时代的重要产物。所谓数据，本书特指大数据。数字时代，大数据具有多重身份，既是生产资料，又是生产力，还是生产产品。数据驱动是数字化转型的关键。人力资源管理的数字化战略同样离不开大数据。

一、大数据的概念及特征

（一）大数据的概念

大数据，是用来描述在网络的、数字的、遍布传感器的、信息驱动的世界中呈现出的数据泛滥的常用词语。[①]这是一个十分宽泛的概念，需要结合大数据的特征进行理解。

（二）大数据的特征

大数据具有规模性（volume）、多样性（variety）、高速性（velocity）和价值性（value）四个主要特征，简称"4V"特征。

1. 大数据的规模性特征

大数据的规模十分庞大。通常来说，大数据不以 GB、TB 等为单位，而是以 PB、EB、ZB 为单位进行计量的。

2. 大数据的多样性特征

大数据不但规模庞大，而且呈现出鲜明的多样性特征。这是由大数据的来源、类型以及数据之间的关联性决定的。

---

① 樊重俊，刘臣，杨云鹏. 大数据基础教程[M]. 上海：立信会计出版社，2020：7.

大数据的来源十分广泛。以企业为例，其数据主要是交易数据。伴随着互联网通信技术和物联网技术的飞速发展，企业的交易数据也越来越多，呈现出指数上升的趋势。

除了来源，大数据的类型也十分多样，包括不同应用系统、不同设备，以及大量日志、音频、视频、机器数据等不同形式的数据。这些数据之间的关联性较强，相互影响，又会促进新数据的产生。

企业或组织中与人力资源管理相关的数据主要包括五种类型。

（1）反映应聘者基本信息、专业能力、文化程度以及薪酬要求的数据。

（2）反映企业或组织内部员工基本信息、能力和现阶段职务的数据。

（3）反映企业或组织内部员工日常出勤、培训、考核、竞赛的数据。

（4）反映企业或组织内部员工工作表现、任务绩效和完成情况，以及员工工作期间因失误造成的设备损坏率的数据。

（5）反映企业或组织内部员工进步、收支涨幅、业绩提升潜力的数据。

这些数据通常为各种员工档案、考勤记录、工资记录、生产和销售数据、效率数据、关键员工的流失率等。

3. 大数据的高速性特征

大数据的存取速度非常快。面对规模庞大和类型多样的数据，如何及时有效存取需要的数据、处理数据成为大数据利用的关键。可以说，处理大数据的效率直接关系着企业或组织的未来。

4. 大数据的价值性特征

大数据的背后潜藏着巨大的、无可估量的技术价值、商业价值、行业价值和社会价值。

（1）大数据的技术价值。大数据与计算机通信、人工智能、云计算、物联网、区块链等息息相关，大数据的分析、处理和应用，能够创造出新的计算方式、思维模式，为技术的进一步开发、利用奠定重要基础。

（2）大数据的商业价值。大数据具有较大的商业价值。大数据里存

第四章　人力资源管理的数字化战略

储着海量搜索、交易信息。商业组织对这些数据进行分析和处理后，可以清晰地绘制出目标用户的年龄、收入、学历、偏好、需求和购买倾向。这些极具价值的商业信息，能够帮助企业积极有效地调整业务方向、优化产品、降低投入和产出成本，有利于商业组织更为长远地发展。

（3）大数据的行业价值。大数据还具有较大的行业价值。各行各业的相关组织，可以借助大数据，勾勒出人们的社交习惯、偏好，有利于相关行业组织及时调整发展策略，以适应人们的需求。例如，图书出版行业利用大数据，可以明确某一阶段，读者对图书的偏好与需求，以便及时作出相关调整和改革。

（4）大数据的社会价值。大数据的社会价值主要体现在对政府、教育、经济、医疗等领域的影响方面。大数据能够帮助政府、社会组织作出准确的决策，从而实现更大的社会价值。例如，政府有关部门根据人们的衣、食、住、行等行为所产生的数据，敏锐且准确地把握社会经济的发展方向，制定有利于国计民生的政策，造福于民。

值得注意的是，大数据的价值也是大数据能够推动人力资源管理变革的关键所在。

二、利用数据驱动人力资源分析系统的变革

人力资源分析，是指在人力资源管理中，通过对数据进行挖掘，得到有价值的信息，最终通过一个完整的逻辑链建立从人力资源到组织目标之间的联系。[1]它主要包括应聘者的简历、年龄、学历、籍贯、工作经历、薪酬绩效等。人力资源分析能够提升人力资源管理的科学性和合理性，从而为企业人才招聘、管理服务。

数字时代，人们会在虚拟世界留下各种各样的数字足迹。这些数字足迹作为大数据的一种类型，能够对人力资源分析工作产生重要影响。

---

[1] 刘善仕，王雁飞．人力资源管理[M]．2版．北京：机械工业出版社，2021：64．

比如，企业的招聘网站、招聘平台每天都能够吸引大量用户，他们的浏览、搜索、提问等数据是一种宝贵的数据资源。对这些数据进行分析，不仅可以有效获得应聘者的相关信息资料，还能够从中判断当下或未来一段时间内求职者的求职频率、求职方向等。

除此之外，企业还可以利用大数据技术，做好现有员工的培训、绩效考核工作。传统的企业培养注重培训本身，而大数据不仅可以优化员工培训的内容、方式，还可以对员工培训的结果进行跟踪和分析，从而达到有效提升企业人力资源管理效率的目的。

利用数据驱动人力资源分析系统的变革包括数据收集、数据整合以及数据分析三部分内容。

（一）数据收集

传统的人力资源数据主要包括两个方面的数据，一方面是企业内部的数据，另一方面是其他企业分享或推送的数据。利用数据驱动对这两部分数据进行收集，通常需要借助智能手机或专业的人事软件、可穿戴设备、办公场所的物联网和传感器设置，以及企业内部的通信系统、数字化办公系统等。除此之外，企业或组织还应与网络运营商、电子商务网站或在线社交平台等进行合作，以便企业获得足够的数据，弥补企业或组织内部数据的单一性、片面性。

具体来说，在利用数据驱动人力资源分析系统变革的前提下，企业或组织对数据的收集，应当注意以下几个方面内容。

（1）借助智能设备或软件，从多渠道收集数据，确保收集的数据真实、有效，可以相互印证。

（2）企业或组织内部的管理者与员工要具备数字化思维，关注前沿科技的发展，从前期招聘就开始有意识地收集各种数据，在企业或组织运行过程中，均要重视数据收集工作。

（3）企业或组织的人力资源管理相关数据具有真实性、连续性和实时性的特点，人力资源管理者在收集相关信息的同时，还要注重保护员工的隐私，在合理、合法的范围内，收集员工的行为数据。

（二）数据整合

大数据下的员工行为并不全都是有序的、连续的，存在大量非结构化、低相关性的数据。因此，企业或组织的人力资源管理者在完成一个阶段的数据收集后，还要对这些数据进行整合，从中挖掘有价值的信息。在进行人力资源管理相关的数据整合时，还应当注重人力资源数据与其他部门数据的整合。

人力资源管理是为企业或组织的人才管理而服务的，相关部门在进行人力资源数据整合时，不仅要就人力资源数据进行分析，还要将其与业务部门、运营部门、财务部门的相关数据进行整合，如此才能真实、客观地反映企业或组织的人力成本，提升人力资源管理的效率。

（三）数据分析

在数字化战略下，大数据作为一种企业或组织的重要资源，必须经过收集、整合、分析才能充分体现价值。利用数据驱动人力资源分析系统的变革也离不开数据分析。

数据分析均有明确的目标，人力资源管理的数据分析也是如此。在进行数据分析之前，相关企业或组织必须明确数据分析的目标。比如，评估一段时期以来企业或组织的人才招聘效率，分析企业或组织员工的工作效率、工作潜能等。

进行数据分析应当注重数据分析方法，要综合运用对比分析、细分分析、交叉分析、趋势分析、模式分析、假设分析、相关分析等方法，对相关数据进行深入、有效的分析。人力资源管理数据分析法，见表4-1。

表 4-1 人力资源管理数据分析方法一览表

序号	名称	目的	细则
1	对比分析	通过不同维度的数据对比，发现数据中蕴藏的意义	综合运用时间对比、空间对比、部门对比等进行分析
2	细分分析	通过细分维度的数据分析，发现人力资源管理流程漏洞，及时提高管理效率	把数据进行层层分解，从细微处做分析
3	交叉分析	通过交叉对比不同维度的数据，看到事物的本质	借助相关软件，将不同维度的数据可视化，从而对数据进行交叉分析
4	趋势分析	通过对一段时间以来的数据变化进行观察和分析，能够通过数据看清未来的趋势	将相关数据按照日期制作成可视化的图表，从而看清数据指示的某种趋势
5	模式分析	与趋势分析类似，没有明确的时间轴数据	将相关数据按照项目进行分类，进而结合可视化的图案进行分析
6	假设分析	通过假设某个观点，收集某些数据或指标，借数据分析反证其是否合理	先假设，保留片面的观点，用片面反推整体事实
7	相关分析	把性质不同的两组数据放在一起进行比较，找出其中的相关性	需要确保数据的真实性、完整性，避免片面和主观臆断

　　除了上述数据分析的方法，还有因果分析、回归分析，这些数据分析方法能够充分、有效地利用数据得出结论，为驱动人力资源管理的改革贡献力量。

　　数据分析的结果，既可以是一张可视化表格，也可以呈现出较强的趋势性，为企业或组织领导的决策提供参考。

　　例如，企业或组织在不同平台投放招聘广告一段时间后，对不同平台的应聘者数据进行分析，就可以发现哪个平台的招聘效率高、效果好，或者某一类型的人才聚集在哪类平台上。这些数据分析的结果,可以使企业或组织优化人才招聘渠道,提升招聘效率,并使企业或组织吸纳适合的人才。

三、利用数据驱动人力资源管理工作流程和工作方式变革

在数字化战略下,大数据技术的应用进一步推动了人力资源管理工作流程和工作方式的变革。

(一)数据驱动人力资源管理工作流程的变革

在数字化战略下,大数据既是一种宝贵的资源,也是一种生产力。它颠覆了传统的人力资源管理的工作流程和工作方式。人力资源管理是一个极其复杂的体系,涉及选人、用人、育人、留人等不同环节。在组织内部,人力资源管理部门不仅要做到信息通畅,沟通无障碍,还需要与多个部门进行频繁、有效的跨部门对接。大数据技术的应用可以让部门内部和跨部门的对接更加顺畅、效率更高,同时能够避免各种纷争,极大地提升人力资源管理部门的工作效率。

在大数据技术加持下,企业或组织的人力资源管理部门能够接触的数据资源极大丰富,包括人力资源数据、企业运营和销售的数据,产业与市场的数据、宏观经济相关的数据等。这些数据经过整理和分析后,可以反映出大量信息,为人力资源管理工作流程的变革提供了契机。

传统的人力资源规划,需要结合企业或组织内部的目标进行设置。数据驱动则为人力资源长远的人才规划提供了依据。比如,结合国家对某行业的扶持力度、某行业的劳动力需求变化规律,企业或组织的人力资源管理部门可以预测未来一段时间内某类人才的需求程度,从而提前为企业预留人才。

招聘是企业或组织人力资源管理工作的重要组成部分,通常采用"平台式招聘"的方式。企业或者自己搭建平台,或者借助招聘会等平台,吸引人才投递简历。人才投递的简历进入企业或组织内部的人才库,

以便企业或组织有需求时进行筛选。

　　大数据技术的应用颠覆了这一传统招聘方式。在大数据技术的加持下，人才在招聘网站发布的简历、搜索记录，以及社交平台上终端位置信息，甚至在某些平台上发布的文章和见解等，都可以作为企业或组织筛选人才的数据。尤其是对于高端人才的招聘，这种方法的效果较好。

　　除此之外，大数据技术的出现还缓解了人才与企业或组织间的信息不对称问题，有利于帮助企业用较少的成本甄选出最佳的人才。

　　绩效考核是企业或组织对人才进行管理的重要手段。传统的绩效考核方式费时费力，时间跨度较大，往往以季度、年为单位。大数据技术的应用使绩效考核的方式发生了巨大变化。

　　比如，员工在工作时佩戴可穿戴的智能设备，智能设备就可以将员工在工作期间或工作场所产生的录音、交流信息、运动轨迹生成详细的数据报告，其可作为绩效考核的重要依据之一。除此之外，大数据技术的应用还能够有效杜绝绩效考核中的主观因素，确保绩效考核的公平、公正、透明。

　　除了上述人力资源管理中的人力资源规划、招聘、绩效考核，大数据技术的应用也改变了培训、人才健康、人才留任等工作流程，极大地提升了人力资源管理的效率。

（二）数据驱动人力资源管理工作方式的变革

　　传统的人力资源管理由人承担了大部分工作，如组织招聘、培训、绩效考核，处处都需要投入大量人力资源。这在一定程度上增加了企业经营管理中的人力成本。在数字化战略下，伴随着大数据技术的应用，人力资源管理中一些重复性强的、流程性的工作被计算机替代，一些人力资源管理工作，如人员招聘、内部培训的组织效率更高，更有针对性，极大地缩短了管理流程，提高了效率，降低了成本。

　　大数据技术促进了人力资源管理工作方式的变革，具体表现在以下两个方面。

第四章　人力资源管理的数字化战略

1. 推动人力资源管理工作从经验和直觉驱动向数据驱动转型

传统的人力资源管理工作很难发掘人才全方位的能力。而数据驱动可以借助大数据统计，把人才的特点凸显出来。比如，有的人才善于管理，技能却并不是顶尖的；有的人才不善言辞，技能却十分出众；还有的人才不仅是技术骨干，还是业务精英……大数据根据每一位人才的特点，标注特殊的标签。这种千人千面、精准化、客观化的人才辨识机制，能够为人才指引个性化的发展方向，做到人尽其用、人尽其才，有利于企业选人、育人、用人、留人效率的提高。

数据驱动还改变了人力资源管理工作的方式。传统的人力资源管理工作十分依赖以往的经验。在大数据技术应用之前，人力资源管理理论、方式源自一代代人的经验归纳。伴随着大数据技术的应用，已有的人力资源管理理论、经验正在悄然发生变化。

比如，传统的人才招聘通常需要人力资源管理者在人才库里输入关键词，接着对人才库里的人才进行有限搜索，试图从中找到适合本企业或组织的专业人才。而大数据技术可以轻松获取海量人才的全部数据资料，从而快速分析出企业拟招聘的目标画像，很快就能找到人才库里符合条件的人才资料。

2. 提升人力分析的预测能力

人力分析是企业或组织人力资源管理工作的重点之一，大数据技术的应用为人力分析预测提供了全新的工具。借助人才分析软件，企业或组织可以在短时间内收集和分析大量的人才数据，从而迅速识别出高潜力人才、有离职倾向人才等。此外，人力分析还能帮助企业摸清一段时间内员工的流动、晋升情况，从中筛选出有潜力的员工纳入人才储备库进行重点培养，也可以迅速识别企业或组织人力资源管理中的薄弱环节，从而进行弥补。

（三）正确利用数据驱动改革人力资源管理工作流程和工作方式

实现数据驱动对人力资源管理工作流程和工作方式的变革，需要企业或组织做好以下工作。

1. 建立全面的数据驱动体系

数据驱动人力资源管理工作流程和工作方式变革，需要以企业建立全面的数据驱动体系为前提，其中包括建立数据驱动的人力资源管理运营决策体系和数据驱动的人力资源管理操作体系。

在数字化战略下，数据成为企业或组织的重要资源。在人力资源管理工作中，利用数据分析，可以获得人力成本、人力效率以及核心岗位离职率等一系列数据。不过，数据仅仅是决策者的参考依据，而不是人力资源管理的目的。

如何利用宝贵的数据提升企业或组织的选人、育人、用人和留人效率和效果，才是数据驱动的根本目的。因此，建立数据驱动的人力资源管理运营决策体系是数据驱动人力资源管理工作流程和工作方式变革的关键之一。企业或组织需要搭建一个闭环平台支撑数据一体化的人力资源管理数据分析体系，该平台需要覆盖员工职业生命周期的全部流程。

此外，企业或组织还应当培养一批具有较高数字修养，能够熟练运用数据进行分析、决策和运营的专业人才，以确保数据驱动的人力资源管理运营决策体系正常运转，充分发挥重要作用。

2. 搭建数据运营工具体系

数据驱动的人力资源管理运营决策体系建立后，还需要借助一系列数据运营工具才能发挥作用，具体包括数据自动化采集、智能化分析等。这些工具能够实现人力资源管理数据收集的自动化与智能化，实现人力资源管理工作流程和工作方法的变革。

数据自动化采集与智能化分析工具，能够实现数据采集、处理以及分析的自动化与智能化，极大地节省人力资源，提升工作效率。现阶段，

第四章　人力资源管理的数字化战略

市场上已出现了多种类型的数据自动化采集、智能化分析工具，企业或组织可根据需要引进相应的工具，搭建数据运营工具体系。

3. 优化企业内部管理体系

数据运营工具只是一种人力资源管理工具，其本身并不能实现企业或组织的人力资源管理的升级，还需要企业优化内部管理体系，整合各项业务工作数据，只有实现各类数据的高效、快速连接，才能确保数据驱动的顺利实施。

四、利用数据驱动人力资源组织架构和组织文化变革

传统人力资源管理部门在企业或组织中的角色是成本中心和服务支持部门，在数字化战略下，伴随着大数据技术的广泛应用，人力资源管理部门的角色发生了重要变化，从服务部门转型为以人才管理为核心的战略决策部门。部门角色的重要转变，势必引发企业或组织的人力资源管理组织架构和组织文化的变革。

企业或组织的架构设计环环相扣，一旦人力资源管理部门的角色发生变化，将会进一步引发一系列变化。

（一）数据驱动引发企业组织架构重构

数据驱动要求企业内部各部门之间的数据相互流通，便于搜集和整合，因而利用数据驱动人力资源管理的前提是实现企业或组织内部的数据互联互通。从组织架构设计上来看，企业或组织内部各个板块、环节应当全部实现数字化，从而打通企业的数字化渠道。这并不是买进机器、引进软件那么简单，而是要求各个部门之间保留数据共享接口，建立数据共享的激励机制。这就要求企业进行企业组织架构重构。

如果企业或组织仅仅引进数据工具，却不打通各部门之间的数据信息壁垒，就无法实现人力资源管理的数据驱动，无法提升人力资源管理的效率。

（二）数据驱动引发企业组织文化变革

数据驱动对企业或组织人力资源管理的改变包括多个方面，既有技术层面的改变，也有管理者或员工对数据分析态度的改变。

传统意义上的人力资源管理是一种依赖经验和直觉的管理方法，而数据驱动是一种依赖数据的管理方法。以数据为标尺，人力资源管理原有的方法或经验可能失效，原来的优秀员工可能在数据的映照下不再优秀。因此，数据驱动对传统的企业或组织文化、管理模式具有较强的颠覆性。

彻底贯彻数据驱动理念，应当从组织文化入手，提高企业或组织员工的数据素养，引导员工培养数据思维，以数据为抓手，直接或间接地参与到人力资源数据分析的项目中来，用客观数据证明自身工作价值。

五、利用数据驱动人力资源管理变革的注意事项

大数据技术的应用为企业或组织提供了调整、改革的契机。企业或组织通过尝试引入先进的管理设备、系统，以及成熟的管理体系，可以对现有的组织结构进行完善和升级。

企业在实施数据驱动时还应注意以下几个方面。

（一）处理好数据驱动与个人隐私的关系

人力资源管理是一种以人为本的管理，数据驱动人力资源管理是一种通过把员工的行为进行数据化分析，从而达到某种管理目的的行为，其聚集的对象是员工，所收集和分析的数据是员工的行为数据。因此，数据驱动推动人力资源管理不可避免地要识别和分析员工的身份、员工在工作场所的言行。尽管这些数据的收集和分析是基于人力资源管理的需要，事先已经征得了企业或组织内部员工的知情权。然而，这在一定程度上仍然存在侵犯员工隐私的情况。

个别数据分析行为可能会引发员工对于个人隐私安全的担忧和不满，从而产生额外的负面效应。

（二）处理好数据驱动与经验、直觉的关系

传统人力资源管理和数据驱动的人力资源管理，在管理模式、流程、方法、组织架构等方面均存在巨大区别。

数据驱动的人力资源管理要求企业或组织相关人员必须转变思路，从依赖经验、直觉转向以数据为依据。人力资源管理工作是一项以"人"为对象的工作，即使以数据为衡量标准，也不能一味依赖数据，否则极易陷入"唯数据论""以数据为中心"的错误方向，从而忽略了"人"这一企业或组织最为重要的资源。

因此，在数据驱动人力资源管理变革的过程中，企业或组织应当处理好数据与经验、直觉的关系，利用经验和直觉深入理解数据分析的结论，扫除日常人力资源管理工作中的盲区。

（三）及时完善数据驱动人力资源管理的理论基础

人力资源管理理论是人力资源管理工作不可或缺的理论基础，传统的人力资源管理理论类型丰富多样，对现实有较强的理论指导意义。数据驱动人力资源管理也需要完善相关理论基础，才能更好地为企业和组织服务。

第二节　利用技术创新和产品思维赋能人力资源管理

技术在人力资源管理中扮演着不可或缺的角色，尤其是伴随着新技术的快速发展，人力资源管理工作的方式、方法已经发生了巨大变革，技术尤其是新技术的应用，极大地提升了人力资源管理的工作效率。新技术推动了新产品的诞生，一些高效、优质的新产品也在颠覆着传统的人力资源管理理念。人力资源管理者只有用好技术创新和产品思维，才

能适应人力资源管理的新变化，才能在未来的人力资源管理工作中立于不败之地。

一、利用技术创新赋能人力资源管理

自20世纪90年代以来，伴随着互联网信息技术、通信技术的快速发展，各种新技术层出不穷，在为社会带来种种便利的同时，也为各行各业的发展创造了新的机遇，提出了新的挑战。尤其是近年来，移动互联网、物联网、大数据、区块链和人工智能等新技术的发展，引发了一轮又一轮技术创新和产业变革，对全球商业格局产生了巨大且深远的影响。人力资源管理部门是企业的重要人才储备部门，也不可避免地受到影响。

（一）数字化战略下社会商业模式的变化

近年来，伴随着新技术的出现和快速发展，企业用工方式发生巨大变革，出现了网络众包经济、共享经济等新型商业模式。

1. 网络众包经济及其对人力资源管理的影响

众包是指将原来由员工完成的工作以公开招募的形式外包发布给一个非特定而通常又规模较大的群体。[①]网络众包经济是指以网络平台为中介，发布众包信息的经济模式。众包模式的兴起促进了远程兼职工作方式的出现。

网络众包工作的参与者具有很大的流动性，可能来自不同的国家，具有不同的文化和学历背景，工作技能和经验水平也不尽相同。企业对众包员工的管理与正式员工有很大区别，沟通机制、激励机制均与正式员工不同。

网络众包工作者与传统的企业员工不同，他们通常不会正式入职某企业，也不会接受企业的培训，属于企业的兼职员工。对企业人力资源

---

① 奥什里，科特拉斯基，威尔科克斯，等. 数字服务外包模式：全球视野与中国情境[M]. 北京：机械工业出版社，2021：116.

第四章 人力资源管理的数字化战略

管理部门来说，兼职员工与企业或组织正式员工的招聘、管理方式均不相同，这在客观上改变了企业的组织结构，向企业的人力资源管理提出了新的挑战和机遇。

2. 共享经济及其对人力资源管理的影响

共享经济是资源供给者通过平台与资源使用者进行资源共享的经济模式。[①]个体或组织借助技术平台，将原本闲置或未被充分利用的商品、技能、服务等资源，以有偿或互惠的方式提供给需求者使用，从而实现资源的高效利用和价值最大化。

共享经济的核心是资源的共享和高效配置。共享经济具有个性化、差异化、定制化、专业化、柔性化、去中心化等特征（见表4-2）。

表4-2 共享经济的特征一览表

序号	特征	说明	意义
1	个性化	共享经济为用户提供了多样化的产品或服务，用户可以根据自己的个性化需求进行选择	用户可以更加便捷地找到符合自己个性化需求的资源
2	差异化	共享经济强调用户需求的差异化，企业为用户提供的产品或服务要具有一定的差异化	共享经济企业可以在竞争激烈的市场中脱颖而出
3	定制化	共享经济的用户可以在线订购某种特殊的服务	提升用户的满意度，同时有助于共享经济企业提高服务质量和效率
4	专业化	共享经济的资源提供者具备一定的专业知识或技能	用户可以享受到高质量服务
5	柔性化	共享经济具有高度的灵活性，根据市场调节服务内容	灵活满足用户需求，增强企业竞争力和适应性
6	去中心化	共享经济以网络平台为依托，实现了去中心化的服务模式	打破行业壁垒，引导市场有序竞争

---

① 宋志平．共享机制[M]．北京：机械工业出版社，2023：9．

共享经济的用工模式与传统经济的用工模式有很大不同。在共享经济模式下，员工可以在不同企业或项目之间流动。对于员工来说，这种用工模式可以让其获得灵活自由的工作方式，身兼数职在一定程度上可以增加收入。对于企业来说，这种用工模式大幅降低了用工成本和人才管理成本。

与传统企业相比，共享经济的企业组织模式朝着扁平化、个性化、边界模糊、无限拓展的方向发展，整个组织更有弹性、更加灵活，变化能力也更强。企业人力资源管理者的职责发生了重要变化，面对的不仅是在职员工，还包括兼职员工，从基于岗位的管理，朝着基于任务的管理发展。其中，潜藏着一定的不稳定因素，为企业的人力资源管理带来了一定的挑战。

除此之外，社会上还出现了直播经济、"实体商业+数字技术"等混合商业模式。技术创新对企业的影响是颠覆式的，它催生了一批新的工作机会，如共享经济模式下的外卖员、网约车司机等。这些新职业又进一步推动了其他行业的发展。而对于企业而言，如何在适应新的经济模式的同时，打造一支创新型人才梯队，增强企业自身的竞争力，成为人力资源管理的重中之重。

（二）新技术为人力资源管理赋能

新技术既能推动社会新行业的崛起，也能为人力资源管理赋能。例如，大数据技术、AI技术都能为人力资源管理赋能。

以招聘为例，新技术的出现为人力资源管理者提供了便利。人力资源管理者在招聘某一类人才时，只需要上传或填写候选人简历，就可以借助大数据技术，迅速绘制出候选人的数字画像，自动对候选人的简历进行解析，并从中挑选出符合岗位要求的人才。这样的招聘方式比传统招聘方式的效率高，人才与岗位的匹配率也相对较高。

除了招聘之外，新技术还在用人、培训等方面简化工作流程，提升工作效率。

第四章 人力资源管理的数字化战略

例如,员工在入职时,需要进行简短的入职培训,其中包括大量规章制度、工作规范等内容。这些内容大多是文件类、规程类或训导类,对人力资源管理部门来说,这些是重复性工作。这时利用新技术,不仅有利于员工放松身心,在轻松的、充满科技感的氛围中,以趣味性的方式获取相关信息,也有利于降低企业的人力成本。

人力资源管理部门可以借助新技术,以有趣、别致的方式来引导新员工入职,增加企业的独特性。

企业可以借助 AI 技术;引进自然语音识别机器人,对员工进行培训,并且记录和回答员工的政策咨询、事务咨询等事项。

企业还可以利用多种移动互联网技术,制作一款入职导航地图。新员工入职后,即可下载入职小程序,然后在小程序的指引下,在手机端就可以完成整个入职流程。除了入职流程之外,人力资源管理部门的一些日常事务也可以借助手机小程序或其他线上服务程序办理,如工资查询、考勤情况、收入证明等。这样的操作既便捷又人性化,能够有效提升人力资源管理部门的效率。

一些跨国、跨省的大企业,在不同城市设有多家分公司。一般来说,每家分公司都设有相应的人力资源管理部门。总公司为了加强对分公司的管理,通常会定期召开人力资源管理会议或培训。这就要求分公司人力资源管理部门的相关人员定期出差。如果借助新技术构建人力资源共享服务中心,这些会议或培训就可以在线上进行,极大地节省人力资源管理的成本,提高效率。

人力资源管理部门的日常事务还包括为员工办理社保、周年福利、节假日福利等业务,这些业务本身并不复杂,而且充满温度。这些工作要点在于进行大量员工信息审核。如果借助新技术,人力资源管理者可以迅速辨别出每一位员工的职位、社保数据、福利内容,从而极大地节省人力成本。

在对员工进行情绪疏导时,借助数字技术,可以在短时间内为咨询员工建立心理咨询模型,并通过音乐心理疗法、机器人对话等方式,为咨询员工提供专业的情绪疏导和心理服务。有需要的员工还可以借助聊天机器人，获得智能化又充满温情的心理疏导服务。

进行员工绩效考核，可以借助大数据技术和 AI 技术，对新员工的表现进行预测，对老员工的年终审核进行客观、精准的评估，及时对新老员工进行激励。这些均能够帮助人力资源管理者更好地与员工互动，为员工服务。

（三）利用数据构建人力资源共享服务中心

人力资源共享服务中心是指企业因实施共享服务模式而建立的组织机构，为企业所有的业务单元提供与人力资源管理有关的服务，并由接受服务的业务单元按享受服务的数量支付服务费或分摊成本。①

一般来说，企业的人力资源共享服务中心有三种形式：单独的运营中心、企业内部的独立部门、人力资源管理部门下设的人力资源共享服务中心（见表 4-3）。

表 4-3　人力资源共享服务中心形式一览表

序号	形式	特点
1	单独的运营中心	独立核算，与被服务对象签订服务水平协议，适合规模比较大的企业
2	企业内部的独立部门	能够加强管理，适合规模相对较小，业务简单，内部职责单一的企业
3	人力资源管理部门下设的人力资源共享服务中心	能够提升人力资源管理部门的服务水平，便于实行标准化流程管理

人力资源共享服务中心能够更好地贯彻企业的标准化流程，提升企业管理效率。在数字化战略下，企业人力资源共享服务中心的构建需要结合先进的信息技术，借助人力资源共享服务中心，企业既可以实现人

---

① 刘书生，陈莹，王美佳，等.人力资源共享服务中心（HRSSC）建设[M].北京：中国商业出版社，2021：1-2.

才优化又可以提升工作效率，降低人力成本。

人力资源共享服务中心在建设和发展中，应用了许多新技术。比如，电子劳动合同技术，其实现了员工入职信息化。

有的企业构建人力资源共享服务中心后，实行劳动合同电子化。新入职员工会收到人力资源管理部门的入职通知。之后，新入职员工可以自行拍照上传入职材料。系统收到材料后，会自动进行检索和审核，如果缺少某种材料，系统会及时进行反馈，这极大地缩短了入职流程，精简了审批流程，提高了入职手续办理效率，同时提升了新入职员工的体验，可谓一举多得。

除了入职手续外，人力资源共享服务中心依托新技术渗透到企业人力资源管理工作的方方面面，包括员工培训服务、薪酬核算和发放等。

二、利用产品思维赋能人力资源管理

产品是指企业或组织以特定人群为消费者，为其提供的定向解决方案和产物。产品思维是指将"用户的需求"作为企业或组织发展的第一要务，通过多种方式挖掘并满足用户需求的思维方法和做事方法。

概括而言，产品思维是一种解决问题的综合思维，是进一步把问题解决方案产品化的过程。利用产品思维赋能人力资源管理，就是把企业内部的领导、同事、员工当成用户，挖掘他们的需求，想方设法激发他们的积极性，鼓励他们参与到人力资源产品的创造之中，并且从中获得良好的体验。

（一）产品思维赋能人力资源管理的必要性

人力资源管理领域的产品思维，与传统人力资源管理思维有较大差别。普通人力资源管理和产品思维赋能的人力资源管理，在工作中的关注点有较大差异（见表4-4）。

表4-4　普通人力资源管理和产品思维赋能的人力资源管理关注点

序号	普通人力资源管理的关注点	产品思维赋能的人力资源管理的关注点
1	如何招聘企业需要的人才？用什么样的方式招聘？招聘流程怎么安排	企业的态度和需求是什么
2	人才流失严重，是薪资福利不到位，还是环境氛围缺失	员工离职是哪些需求没有被关注或满足？这些需求中，哪些是真实需求，哪些是可有可无的需求？关键岗位的人才是否也存在这些需求？该如何调整才能满足人才的这些需求
3	经历行业低谷，企业寒冬，培训工作该怎么开展	行业人才是否需要新技能？哪些技能具有较强的附加值？员工需要什么样的培训

1. 产品思维可以赋予人力资源管理者企业主人翁心态

在产品思维模式下，人力资源管理者的所思所想，仍然是如何选人、育人、用人和留人，不过出发点发生了巨大变化。利用产品思维赋能人力资源管理可以使人力资源管理者构建一种主人翁心态。

人力资源管理者只有具备了这种独特的主人翁心态，才能真切地了解企业的立场、战略，才能真正理解业务的需求，从而切实提升自身认知水平，站在更高的认知维度，对企业的发展提出解决问题的方案。

2. 产品思维可以赋予人力资源管理者开拓思维

拥有产品思维的人力资源管理者对于工作中出现的挑战，能够自然地从企业的立场思考问题，维护企业的利益，同时可以激发员工的活力。比如，新员工入职培训，通常是向新员工介绍企业文化。拥有产品思维的人力资源管理者，会从企业需求和员工需求着手，利用新技术探索更加有趣、合理的入职培训方法，让入职培训实现较好的效果。

3. 产品思维可以帮助人力资源管理者提升抗压能力

人力资源管理部门作为企业重要的部门之一，承担着较大的压力。利用产品思维赋能人力资源管理，不仅能够使企业应对各种挑战，还能提升人力资源管理者的抗压能力,创新人力资源管理者的思维,激发企业活力,达到事半功倍的效果。

由此可见,人力资源管理领域的产品思维不仅是一种方法论,还是一种独特的企业人力资源管理理念。它的最终目的是从用户的需求和体验出发,为用户解决问题,并且不断优化产品,提升服务水平。

(二)产品思维赋能人力资源管理的具体内容

用产品思维赋能人力资源管理,就要先培养人力资源管理者的产品思维。具体来说,人力资源管理者的产品思维包括了解用户、为用户提供极致的产品体验、让产品运营落地、对相应的产品进行高效迭代,使产品与用户需求变化和外界环境变化相符合。

1. 了解用户

在产品思维领域,人力资源管理者要转变思路。在传统人力资源管理领域,人力资源管理者的服务对象是员工。而在产品思维领域,人力资源管理者要把员工当作用户。人力资源管理者在为用户服务时,需要充分考虑用户的需求。在以往人力资源管理工作中,人力资源管理者往往会思考如何向员工传播企业理念。

比如,面对一位新入职的员工,传统人力资源管理者会思考如何向新员工传播本企业的理念、文化。而在产品思维赋能下,人力资源管理者会思考新员工能从入职培训中获得什么?这些对其今后在企业的发展中能起到什么样的作用?带着这些问题组织新员工培训,培训形式就会变得较为灵活、有趣,培训内容也会变得实用。

产品思维坚持"用户就是上帝",人力资源管理者要站在用户的立场上,设身处地地代入用户的思维,从用户的视角出发进行观察和思考。在人才招、识、用、留某一环节出现问题时,人力资源管理者不能一味抱怨用户,而要从用户的需求出发,找出症结所在,积极提出解决方案。只有这样,人力资源管理者才能对用户的需求感同身受,才能真正地了解用户的痛点。

人力资源管理者可以借助一系列访谈、问卷调查、焦点小组等方式来了解用户的真实需求。

访谈包括入职访谈、项目访谈、年中访谈、年终访谈、绩效考核访谈等。

问卷调查可以在一个大议题下，设置众多小议题，尽可能细化某些问题，从而提升问卷调查的参考价值。

焦点小组，也叫小组访谈，是一种社会科学研究中经常用到的质性研究方法。一般来说，焦点小组通常由一个调查者主持项目，就某一个产品、服务、概念、广告和设计等进行客观分析，从而收集小组成员的意见。焦点小组通常由两个以上成员组成，在对某一观点进行讨论时，人们往往会表露真实的想法，进而触发意想不到的灵感。

值得注意的是，企业的岗位是多样的，员工的个性也复杂多样。把员工当作用户，在了解用户的过程中，人力资源管理者应当仔细辨别每一位用户的需求。即使是同一类型的用户，其经验、认知能力和感受也大为不同，导致其需求千差万别。人力资源管理者应当从众多需求中，辨别用户的主要需求，找到主要矛盾，进而解决问题。

2. 为用户提供极致的产品体验

了解用户的需求，就要为用户提供符合其需求的产品。这些产品应当是符合用户需求的，因而在设计产品时应当明确以下几个问题：产品的主要功能是什么？用户在使用产品时会遇到哪些困难？这些困难好克服吗？如何才能减少产品的应用步骤？用户能够理解产品的功能吗？如果让用户反馈产品的缺点，他们会有顾虑吗？这些产品分别适用于哪些情境？用户在不同情境下有哪些特别的期望？

除此之外，人力资源管理者如何在这些产品中加入宏观战略属性，也十分关键。

为了给用户提供极致的产品体验，人力资源管理者还可以从用户的视角，不断优化产品体验，在产品构建过程中增加用户的体验感，不断提升用户的好感度。

3. 让产品运营落地

有了好的产品之后，人力资源管理者还要设计出能够让产品运营落地的执行方案，可以从用户运营和内容运营两个方面进行落实。

一方面，人力资源管理者要想方设法激活产品的参与度。

人力资源管理者可以借助福利激活、荣誉激活、稀缺激活、排行激活、养成激活等手段激活产品的参与度（见表4-5），吸引用户积极参与使用产品，只有这样才能切实提高用户的积极性，也才能让产品更好地为用户服务。

表4-5 激活产品的参与度方法一览表

序号	方法	内容
1	福利激活	借助各种员工福利、奖励激活用户的活力，提升产品的参与度
2	荣誉激活	借助荣誉性奖励，激活用户参与产品运营的积极性
3	稀缺激活	借助产品参与名额的限制，激活用户参与产品运营的积极性
4	排行激活	借助企业内部排名，提升用户的集体荣誉感，激活用户参与产品运营的积极性
5	养成激活	借助有效的打卡活动，培养用户使用产品的习惯，最终激活用户参与产品运营的积极性

另一方面，人力资源管理者要在了解用户真实情绪的基础之上，洞察用户的心理节奏。

产品运营落地离不开用户的参与。人力资源管理产品的运营并不是一朝一夕的，而是持续不断的，贯穿在每一位员工的企业生涯之中。只有真正契合用户的真实情绪和心理节奏的产品，才能落地执行。因此，在产品运营过程中，人力资源管理者要了解用户真实的情绪，并在此基础之上，结合用户真实的需求，调整产品的运营节奏，使产品运营与用户的心理预期相一致。

4. 对相应的产品进行高效迭代

人力资源管理工作十分复杂，以产品思维赋能人力资源管理工作，不能有一劳永逸的想法。

例如，人力资源培训课程并不是独立存在的，而是依托行业和产业背景，结合企业现状，开发的培训课程。当行业和产业的情况发生变化，或科学技术快速迭代时，相应的培训课程也应当快速迭代，以适应行业和产业的变化，跟上企业发展的步伐。

一般来说，在这种情况下，人力资源管理者应当把整体的培训课程拆解开来，细分成较小的板块。这些板块的内容均可以被单独修改。当外界某项条件发生变化时，企业某一板块的内容也可以发生相应的改变，增加最新的理论或科研成果。这样的人力资源培训课程既能够紧跟时代，又能够为用户解决问题，具有较强的实用性。

（三）如何培养和提升人力资源管理的产品思维水平

在产品思维视域下，用户是企业人力资源管理服务的主要对象，人力资源管理工作只有为用户提供良好的、满足用户需求的产品，才能提高使用价值。培养和提升人力资源管理者的产品思维水平可从以下三个方面着手。

1. 培养和提升人力资源管理者挖掘用户价值的能力

产品思维的核心是用户，只有挖掘用户需求，满足用户需求，才能赢得用户，提升价值。而实现这一目标，需要人力资源管理者具备敏锐的洞察力，这样才能挖掘用户需求，实现用户价值。培养和提升人力资源管理者的挖掘用户价值的能力可以从三个方面着手。

（1）培养和提升人力资源管理者定义用户的能力。定义用户，需要明确以下几个问题：产品为谁服务？目标用户是谁？用户为什么使用产品？怎么使用产品？使用多久的产品？使用产品的场景是什么？

明确了这些问题后，人力资源管理者基本就能找到产品用户；之后，其还需要对产品用户进行分层和分群。在此情况下，人力资源管理者需

第四章 人力资源管理的数字化战略

要具备定义用户的能力,即为用户画像、为用户分层和分群的能力。

(2)培养和提升人力资源管理者贴近用户的能力。明确用户后,人力资源管理者要贴近用户。比如,人力资源管理者要为一线工人开发一款任务软件,就要直接到一线工人身边,观察他们的工作时间、性质、重点和难点,在什么场景下使用产品……这样才能开发出适合一线工人的产品。否则,人力资源管理者脱离用户,盲目构建出的产品不一定符合用户的需求。因此,人力资源管理者需要具备贴近用户的能力及较强的理解能力,通过实地考察用户的工作环境、产品应用场景等,从用户角度、产品使用和体验角度、用户行为角度理解用户。

(3)培养和提升人力资源管理者成为用户的能力。人力资源管理者是人力资源产品的第一个用户,开发出相应的产品后,人力资源管理者需要对产品进行试用。在试用过程中,人力资源管理者需要谨记站在用户的角度,而非站在专家的角度试用和体验产品,如此才能具备成为用户的能力。

值得注意的是,人力资源产品面对的用户不是单一群体,而是多个不同群体。比如,招聘平台的用户既有应聘者,又有面试者和招聘经理。人力资源管理者就需要从多个不同的层面衡量所有目标用户。

2. 培养和提升人力资源管理者的场景化能力

用户的需求里包含着用户的使用情境。人力资源管理者要充分培养和提升场景化能力,才能真实地了解用户的需求,从而开发出满足用户需求的产品。培养和提升人力资源管理者的场景化能力,需要锻炼人力资源管理者对场景的分析能力,模拟用户的核心使用场景,时刻牢记满足用户的潜在需求,如此才能制作出服务规范、有温度的好产品。

例如,人力资源管理工作中常用的招聘软件或招聘平台,作为人力资源管理者开发和构建的产品,既需要满足用户即应聘者投递简历、了解企业的需求,又要满足面试者、招聘经理、用人部门,以及猎头顾问等部门或团体的需求。

面试者作为应聘者进入企业的第一道门槛,其应用产品的场景是精准、简单、易操作。因此，如何通过简单的指令收集简历？如何智能筛选和匹配简历？如何借助薪酬体系对应聘者进行分流？这些是面试者关心的问题。此外，招聘经理还须落实对应聘者进行背景调查等事宜。

了解产品的使用场景后，人力资源管理者才能制作和设计出符合应聘者、面试者、招聘经理等用户使用场景的招聘软件或招聘平台。

从这个案例中可以看出，培养和提升人力资源管理者的场景化能力，重点在于培养和提升人力资源管理者的场景解析能力。如果把一个用户的使用场景比喻为洋葱，人力资源管理者需要学会剥洋葱式场景解析。站在用户的立场，对用户的使用场景进行一一解析，使产品与用户的需求一一对应，从中捕捉用户的核心使用场景。只要具备了这种能力，人力资源管理者就可以满足用户的潜在需求，进而在这个基础上不断提升产品和服务的规范化、标准化水平。

3. 培育和强化人力资源管理者的交互体验意识

近年来，互联网技术的快速发展为企业人力资源管理提供了更多新技术，催生了更多新型人力资源管理手段。

互联网技术具有即时性、精确性、感触性、强关联性、定向性等特点。基于互联网技术开发的人力资源产品具有较强的互动性特征。这些特征均以用户为中心产生。人力资源产品的用户既是消费者，也是体验者。

例如，应聘者在某企业的招聘软件或招聘平台上投递简历，其属于招聘软件或招聘平台的消费者，同时应聘者在使用招聘软件或招聘平台时，又是一名体验者。

企业的招聘经理在使用招聘软件或招聘平台时，也具有消费者和体验者的双重身份。这就要求人力资源管理者也具备较强的交互体验意识，培养和提升人力资源管理者的用户体验敏锐度。

成功落地的人力资源产品都不是空想的，而是有着较强交互体验、有趣、实用的产品。人力资源管理本身并不能创造价值，其价值体现在服务用户的过程中。具体来说，人力资源管理者在开发产品时，应当把自己当成应聘者、面试者、招聘经理等各种角色,赋予产品优秀的操作位置、良好的操作方式、便捷的操作路径、及时的操作反馈,以及流畅的操作流程。

第三节 持续改进人力资源流程管理

在数字化战略下,人力资源管理者具备了大数据思维和产品思维后,还要持续改进流程管理才能真正提高人力资源管理效率,达成管理目标。

一、流程管理的重要作用

流程管理是企业顺利运营的基础。在数字时代,在企业转型的关键时期,正确管理流程能够不断优化企业人力资源的业务流程,提高工作效率,降低成本,实现提升企业市场竞争力的最终目的。

(一)规范企业运营

企业是由人组成的,而企业结构则是由组织架构和流程来支持的。在企业核心人才数量不变的情况下,通过优化组织架构和规范流程可以有效提升企业的产出。

流程管理是对企业的整个业务流程进行全面、系统规范的过程。在数字化战略下,伴随着技术的日新月异,行业和企业的发展均处在不断变化之中,在这种情况下,做好企业的流程管理,规范企业的运营工作显得十分必要。

如果企业缺少必要的流程管理,一旦企业的业务或项目稍微复杂,整个企业的运营就会变得杂乱无章,不仅耗费大量人力成本,造成企业人力成本增加,还会影响整个企业的发展。

以某建材企业为例。该企业某一年的发展目标有四个,分别是进行科技创新、扩大规范范围、提升用户体验、提高品牌影响力。这四个目标分别对应着企业的产品研发流程、市场营销流程、客服流程和品牌管理流程,且每个流程均有自己的核心流程。人力资源管理者应当进一步规范企业的整体流程,与这四个核心流程接轨,顺利达成企业的目标。

(二)落实企业规章制度

企业中的规章制度包括行政管理制度、财务管理制度、生产管理制度、业务管理制度,一些大型企业还有产品研发制度、科技创新制度、资本运作制度、进出口贸易制度等(见表4-6)。

表4-6 企业规章制度一览表

序号	名称	内容
1	行政管理制度	考勤管理制度、印章管理制度、着装管理制度、后勤管理制度、卫生管理制度、安全管理制度、档案管理制度、人力资源管理制度、办公设备管理制度、办公用品管理制度、社会保障制度、工资福利制度、岗位职责制度、绩效考核制度
2	财务管理制度	现金管理制度、费用开支制度、差旅费标准制度、电话费标准制度、账册报表管理制度、数据统计分析制度、计量管理制度、仓储管理制度
3	生产管理制度	岗位职责制度、操作规程制度、产品标准制度、工艺流程制度、控制参数制度、安全规程制度、设备管理制度、现场管理制度、质量管理制度、产品检验制度
4	业务管理制度	采购管理制度、销售管理制度、经销商管理制度、价格管理制度、物流运输制度、市场调研制度、宣传推广制度、客户服务制度
5	产品研发制度	立项和审批制度、研发流程管理制度、研发质量管理制度、研发评估与激励制度、知识产权管理制度

第四章 人力资源管理的数字化战略

续表

序号	名称	内容
6	科技创新制度	科技创新战略与规划制度、科技创新项目管理制度、科技创新人才管理制度、科技创新资金管理制度、科技创新成果管理制度、科技创新合作与交流制度、科技创新评价与奖励制度
7	资本运作制度	资本筹集制度、资本使用制度、资本管理制度、资本退出制度、资本运作风险控制制度、资本运作绩效评估制度
8	进出口贸易制度	进出口合同管理制度、进出口风险管理制度、进出口质量安全管理制度

一般而言，企业的规章制度用文字进行表述，涉及的内容多，规定多，普通员工很难在短时间内全部掌握。如果把相关的规章制度以流程图的方式制作出来，就可以一目了然，极大地缩短员工的培训时间，提升规章制度的落实效率。

（三）指导企业团队协作

制度管人，流程管事，团队打天下，管理定江山。流程管理在整个企业的团队协作中起着不可估量的重要作用。一家企业有多个部门，这些部门的目标、组织架构、工作方式、资源分配等可能存在较大区别，从而形成部门壁垒。

部门壁垒的存在不利于企业内部的团队协作。只有企业内部的部门之间进行协作，相互支持，齐心协力，才能共同完成企业的目标。

流程管理可以明确团队协作的具体流程，提高企业内部的凝聚力和向心力，确保每个部门的每一位员工有清晰的工作计划和行动指南，知道什么时候该做什么，怎么去做，做到什么程度，确保言行一致。科学细致的流程就像精密的机器一样，确保各个环节密切配合，顺畅运转。在这样的流程管理下，企业的运营才能井井有条，畅通无阻。

具体来说，良好的流程管理能够明确每一位员工的岗位职责、权限和义务，严格打消员工的侥幸心理，促使员工全力以赴按照相应的流程，在规定时间内保质保量完成任务。

企业的流程管理并不是一成不变的，伴随着时间的推移，当外界环境、技术发生变化，原有的流程管理出现僵化、复杂，不够简单、便捷时，企业应当引进先进的管理工具和技术手段，提升流程管理的自动化和智能化水平，不断优化，提升效率，减少不必要的人力资源浪费。

（四）促进企业数字化转型

一家企业的流程能够反映企业的业务方向、业务流、业务的运作模式，以及各业务板块之间的接口关系，同时明确企业的生产质量、风险、绩效等必要指标。它不仅是企业正常运营的关键，也是企业数字化转型的基础。如果一家企业没有建立起明确、高效的流程，这家企业就无法获得高质量的数据，继而影响企业的数字化转型质量。

流程变革是企业数字化转型的重要内容，也是企业价值回归的过程。一些企业在进行数字化转型时，会出现种种阻力，其主要原因在于流程管理太过粗放，流程过于烦琐，沟通路径复杂，沟通成本较高，效果不佳。除此之外，一些企业的部门之间缺少关键的连接环节，导致部门协作不力，影响整个企业流程的推进。另一些企业虽然确定和发布了流程，却没有具体落实，或者在执行过程中半途而废，存在"假流程"的情况。这些均会影响企业的数字化转型。

在数字化战略下，企业的部分流程可以借助数字技术手段在线上完成。比如，引进先进技术或产品，推动企业的数字化转型，而其前提是企业必须有固定的流程和规则才能实施。如果企业的流程混乱，或只存在"假流程"，即使技术再先进，企业的数字化转型也无法落到实处。

（五）提升企业敏捷性

企业敏捷性包括三个方面内容，即可重用性、可重构性、可扩展性（见表4-7）。

表 4-7　企业敏捷性内容一览表

序号	项目	内容	意义
1	可重用性	强调企业内部不同的元素具有独立性和功能完整性，能够以模块的形式存在	经过模块化和标准化设计，企业能够将不同模块应用于新项目或新产品，达到缩短开发时间、降低成本、提高质量的目的
2	可重构性	强调企业内部的模块都可以进行升级、替换、重置	伴随着企业规模的扩大、业务的拓展，企业在调整业务流程、产品特性或组织架构时，可以有效降低成本，快速适应市场
3	可扩展性	强调企业内部系统可以在开放式的集成框架下进行一定的缩放	便于企业引进新技术、新资源或新方法提升企业效率

在竞争激烈的市场上，流程管理直接关系企业的灵活性与适应性。如果企业的流程管理处于一种无序、混乱的状态，企业员工对于企业的发展现状不清晰，易造成企业内部的认知错位，企业的凝聚力和向心力将大打折扣。相反，如果企业流程管理清晰，只要稍加调整就可以适应市场的变化，企业的敏捷性就会大大提升。

二、企业人力资源管理标准化运营流程

流程管理在人力资源管理工作中起着重要的、不可估量的作用。一个高效的、标准化的流程，能够保障企业的顺利运转，为企业带来较大的价值和竞争优势。

企业人力资源管理标准化运营流程主要包括以下几个方面。

（一）选人：招对人

招聘就是寻找符合企业要求的人才的过程，在这个过程中，构建标

准化的运营流程可以收集大量候选人才的信息，既防止人才信息丢失，也能为合格候选人才构建初始化档案，提升人力资源管理的效率。

（二）育人：人才培养和发展

人才是企业的重要资产，人才的培养和发展直接关系着企业员工的整体素质。构建标准化的人才培训体系，规范培训流程，不仅能够降低企业的人才培训成本，提高培训效率，还能够帮助员工和企业一起成长，有利于员工职业生涯的管理。

（三）用人：满足企业和员工的双重需求

人才的使用是企业管理的重点和难点，也是人力资源管理工作的重点之一。人才在工作中的体验和满意度直接关系着其在企业的未来。人力资源管理不仅要用人，还要及时倾听和满足员工的需求。因此，企业人力资源管理部门要针对员工的满意度和诉求构建专门的流程，及时发现和回应员工的诉求。

比如，构建专门的"员工知道"系统，为员工留有提出建议或发起审批的窗口，以便促进团队之间的协作，提高员工工作的满意度，增强团队的凝聚力。

（四）留人：减少人才流失

在数字化战略下，伴随着新技术的出现和快速发展，远程工作以及灵活用工方式的出现，使人才重新拟定职业发展规划，企业难免会遇到人才流失的现象。企业的留人机制就显得十分必要。

对此，企业人力资源管理部门需进一步完善企业内部的员工培训、发展等流程，帮助人才规划其职业发展路径，提高人才的满意度，降低人才的流失率。

（五）系统化：不断优化和前置人力资源规划与管理体系

人力资源规划是人力资源管理工作的重点之一，也是识别和管理企业内部人才招聘需求的过程。人力资源规划与企业整体的发展势头、业务方向、业务目标及商业环境基本保持一致。

例如，企业计划升级产品研发中心，除了配备相关的硬件设施之外，人力资源管理部门还要提前进行相应的人力资源规划，招聘产品研发人才，只有这样才能与企业的发展节奏相契合。

人力资源规划是一个系统工程，只有建立起完善的流程，才能确保企业招聘的系统化，也才能达到人力资源规划与管理体系优化和前置的目的。

（六）薪酬管理：设计合理的薪酬和福利

薪酬和福利管理是人力资源管理的重点之一，是一个复杂的体系，涉及不同岗位的工资方案、奖励机制，以及员工的绩效考核等多项内容。合理的薪酬结构和福利类型设计是一项大工程，人力资源管理部门需要设计出完善、科学的薪酬和福利体系，才能既让员工得到实惠，又能使企业降低成本，增加效益。

（七）激励管理：物质和精神激励

科学有效的激励管理能够提升员工的满意度。企业的激励管理包括物质和精神两个维度。激励管理的落实有赖于绩效的评定。一般来说，企业每年会对员工进行至少一次绩效评定，由人力资源管理部门负责实施员工的绩效管理和评估，并根据绩效评定结果对员工进行相应的激励。

有效的激励会带来意想不到的效果，能够在企业内部树立起积极、正面的榜样。这一切均依赖于企业科学的考核和激励流程。

（八）员工关系：塑造健康的员工关系

企业员工的敬业程度直接关系企业的整体发展。员工的敬业程度直接体现了员工对企业的投入程度。而员工的忠诚度调查是人力资源管理的任务之一，员工的忠诚度能够直观地反映出员工的未来发展倾向。人力资源管理部门应当构建完善的员工敬业程度调查流程，定期对员工的敬业程度进行调查。

（九）离职管理：维护企业良好的声誉

离职和招聘一样，是企业人力资源管理的重点之一。一般来说，企业员工离职有固定的流程，在这个流程中，应当最大限度地减少企业对员工的干扰，保持良好的员工体验，以便维护企业良好的声誉。

三、数字化战略下人力资源流程管理的规划和设计

（一）人力资源管理流程分解

企业的人力资源管理者在进行流程规划和设计时，第一步都要将信息文档化，建立标准操作程序（standard operation procedure, SOP）。在这一过程中，人力资源管理者需要把企业员工和工作步骤一一记录下来。

传统人力资源管理模块可以分成六个部分，分别是人力资源规划管理、人才招聘管理、人才绩效管理、人才培训管理、薪酬和福利管理、劳动关系管理，在数字化战略下，人力资源管理增加了一个模块，即数据管理。这些工作可以分解成不同的层次（见表4-8）。

表4-8　数字化战略下人力资源管理流程一览表

序号	项目	具体流程
1	人力资源规划管理	确定岗位 确定编制

续 表

序号	项目	具体流程
2	人才招聘管理	制订招聘计划 筛选候选人 面试 录用
3	人才绩效管理	制定相关绩效制度 对员工的绩效进行评估 对员工的忠诚度进行评估
4	人才培训管理	制订人才培训计划 组织人才培训报名 开展人才培训 反馈人才培训结果
5	薪酬和福利管理	薪资计算、支付 个税申报 缴纳员工社保 对员工的年度薪酬进行评估、调整
6	劳动关系管理	员工入职 员工转岗 员工离职 员工合同续签 员工休假
7	数据管理	确定数据管理流程 数据评审 数据更新 数据分析

人力资源管理者可以对每个管理项目进行细分，制作流程图。

（二）绘制流程图

流程图具有可视化、过程导向、操作性强、职责明确、逻辑清晰、便于分析等优点，不用进行过多介绍，只要把某个项目相应的流程图下发给员工，员工就能对该项目的管理流程了然于心。

例如，员工招聘、入职、离职是一名员工进入企业必不可少的流程，都必须有明确的流程指引（见表4-9、表4-10、表4-11）。

表 4-9　员工招聘流程

流程	责任部门/人	指引及表格
员工招聘	各部门	• 用人需求部门填写人员需求申请表
填写人员需求申请表	总经办	• 主管需求职位签至总经理审核
需求审核 OK	行政部	• 行政部确定人员招聘方案，根据部门人员需求要求及人力资源市场状况组织实施招聘计划
确定方案，实施招聘计划		
外部招聘 网络招聘 发布信息	行政部	• 网络招聘：凭借账号和密码在网络平台上发布职位信息
	行政部	• 行政部对应聘人员资料进行条件筛选后，电话通知初筛合格者参加面试
筛选简历 通知应聘人员面试/竞聘	行政部	• 填写员工面试记录及审批表，检查核实应聘人员相关证件和确认应聘资格
初试 复试 NG→不予录用 OK	行政部	• 初试合格者，由行政部组织复试，重点考核应聘人员的本岗位专业能力
最终审核 OK	总经办	• 复试合格，经部门主管、总经理审核，确定最终录用
通知报到竞聘者上岗	行政部	• 行政部通知应聘人员报到，办理入职手续

第四章　人力资源管理的数字化战略

表4-10　员工入职流程

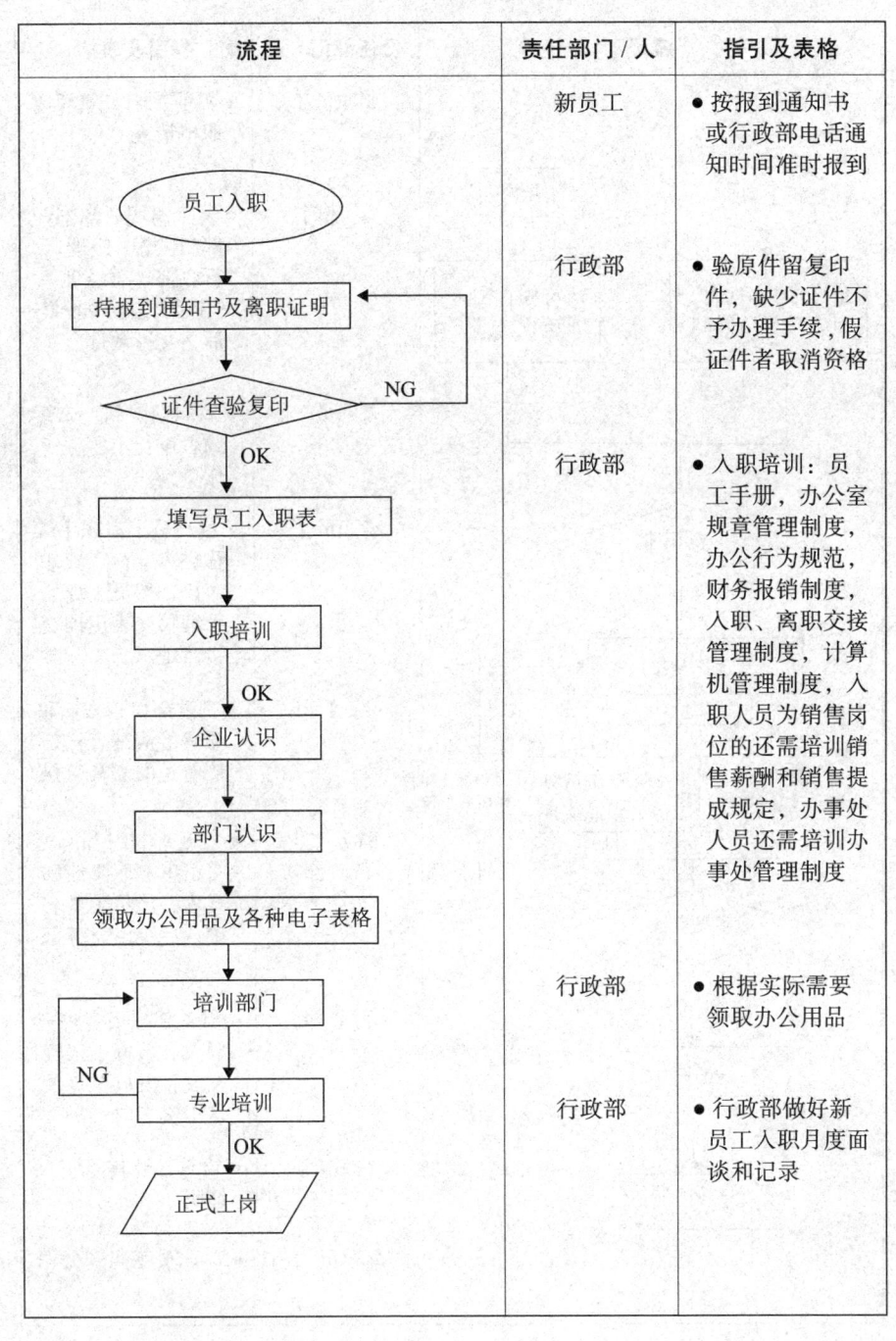

流程	责任部门/人	指引及表格
员工入职 → 持报到通知书及离职证明 → 证件查验复印（NG返回）	新员工	● 按报到通知书或行政部电话通知时间准时报到
	行政部	● 验原件留复印件，缺少证件不予办理手续，假证件者取消资格
OK → 填写员工入职表 → 入职培训 → 企业认识 → 部门认识 → 领取办公用品及各种电子表格 → 培训部门 → 专业培训（NG返回培训部门） → OK → 正式上岗	行政部	● 入职培训：员工手册，办公室规章管理制度，办公行为规范，财务报销制度，入职、离职交接管理制度，计算机管理制度，入职人员为销售岗位的还需培训销售薪酬和销售提成规定，办事处人员还需培训办事处管理制度
	行政部	● 根据实际需要领取办公用品
	行政部	● 行政部做好新员工入职月度面谈和记录

· 121 ·

表 4-11　员工离职流程

流程	责任部门/人	指引及表格
员工离职 → 填写离职申请表和员工离职通知书；解聘 → 填写员工离职通知书	离职员工	● 提前三十天填写离职申请表
	各部门	● 员工离职通知书经部门主管/经理、行政部、总经理（主管以上）批准后，交行政部
离职审批	离职员工	● 离职期限到，未续约者进行本职务工作交接
工作交接	离职员工	● 填写员工离职手续移交表、员工离职协议，按员工离职手续移交表逐项交接清楚
部门工作交接；个人财务清算办公用品交接	行政部	● 行政部核查交接事项是否清楚，未交接清楚的需补交接
移交审核（NG / OK）	财务部、行政部	● 行政部、财务部填写员工离职手续移交表，经员工签名确认后交由财务部
开具离职证明	财务部	● 财务部按规定将离职人员薪资于工资发放日发放至该员工工资卡内
	行政部	● 行政部开具离职证明
离职	离职员工	● 离职员工离开公司

第四章 人力资源管理的数字化战略

除此之外,员工休假也是人力资源管理中经常遇到的工作,这项工作并不复杂,员工只要查看人力资源管理者下发的员工休假流程,即可参照相应的步骤一步步申请。相关部门收到申请后给出是否同意的指示。员工休假流程如图 4-1 所示。

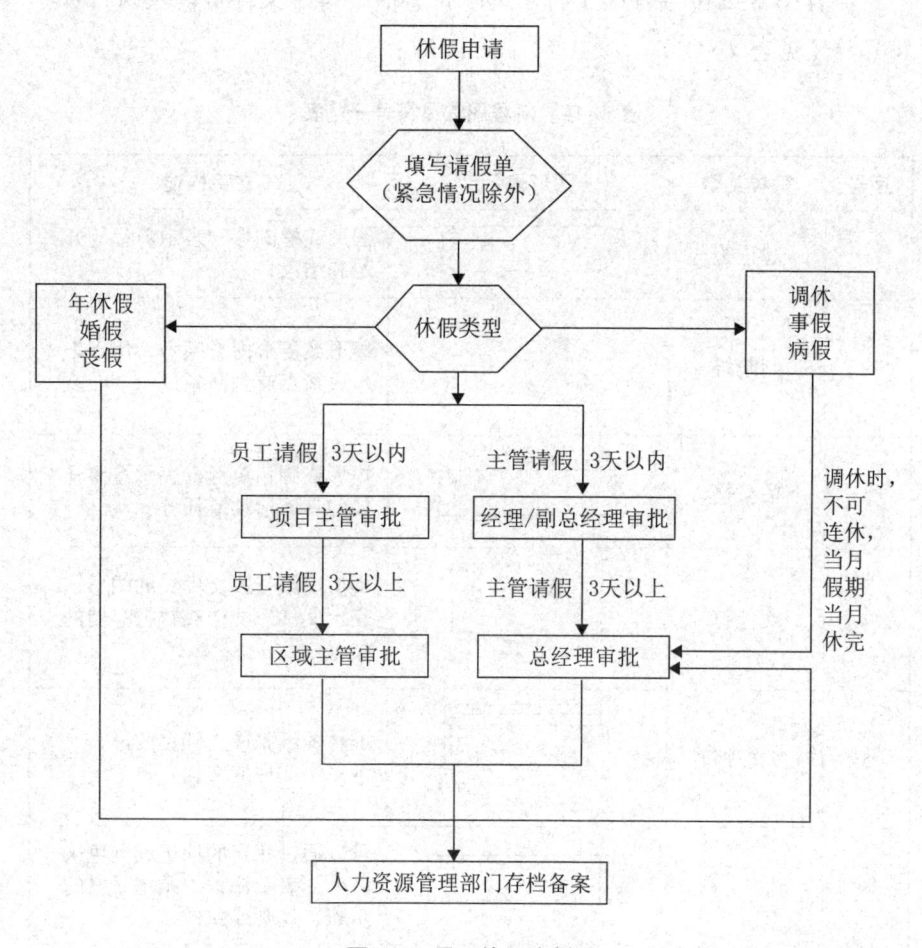

```
                    ┌─────────┐
                    │ 休假申请 │
                    └─────────┘
                         │
                    ┌─────────┐
                    │ 填写请假单 │
                    │(紧急情况除外)│
                    └─────────┘
                         │
    ┌────────┐      ┌─────────┐      ┌────────┐
    │ 年休假  │◄─────│ 休假类型 │─────►│ 调休    │
    │ 婚假    │      └─────────┘      │ 事假    │
    │ 丧假    │           │           │ 病假    │
    └────────┘           │           └────────┘
                员工请假 3天以内 │ 主管请假 3天以内
                    ┌─────────┐      ┌──────────────┐
                    │项目主管审批│      │经理/副总经理审批│
                    └─────────┘      └──────────────┘
                员工请假 3天以上 │ 主管请假 3天以上
                    ┌─────────┐      ┌─────────┐      调休时,
                    │区域主管审批│      │ 总经理审批 │◄──── 不可连休,
                    └─────────┘      └─────────┘      当月假期
                         │                │            当月休完
                         └────────┬───────┘
                              ┌──────────────────┐
                              │人力资源管理部门存档备案│
                              └──────────────────┘
```

图 4-1 员工休假流程图

借助这个流程,休假的员工、主管、人力资源管理部门都可以直观地看到申请的过程,实时查看申请到达的步骤,及时作出审核。

一般来说,规划和设计流程图应当遵循以下几个原则。

1. 有始有终

流程都要有始有终，有明确的开始和结束。一般来说，从某一个步骤开始，按照先后顺序，理清每一个步骤，直到最后一个步骤为止。在这个过程中，开始和结束都要用明确的符号进行标注。

流程图常见符号有起止符、判断符、活动符、文件符以及执行顺序符号等（见表4-12）。

表4-12 流程图常见符号一览表

序号	符号类型	图形表示	文字描述
1	起止符		圆形或椭圆形，表示流程的开始和结束
2	判断符		菱形或菱形内有问号，用于表示决策点或判断条件
3	活动符		矩形或圆角矩形，表示需要开展的具体活动或任务
4	文件符		类似于纸张或文件夹的图形，表示文件、文档或数据存储的位置
5	多文件符		堆叠的纸张或文件夹图形，表示多个文件或文档
6	预定义符		可以通过特定的标记或颜色来区分，表示流程中预定义好的步骤、规则或条件
7	资料带		类似于卷轴或带子的图形，表示信息、数据或知识的流动
8	汇总连接符		特殊形状，带有汇总或合并的标记，表示多个流程路径的合并点

续 表

序号	符号类型	图形表示	文字描述
9	执行顺序符号	→	箭头或其他连接线，表示流程的执行方向；序号标签（如数字或字母）可能标记在活动符旁边

2. 动静结合

流程图表示的流程需要动静结合。流程图中的"动"是指动作，这些动作是让流程图按照顺序向前推进的关键。除此之外，流程图也需要一些静态的资料输入和资料输出，所显示的就是静态的文件。

以休假单为例。休假单中的主线体现了流动性，此处属于动态的文件，休假类型则需要休假者进行选择，此处属于静态的文件。这就是一张动静结合的流程图。

3. 进出流畅

流程是把一个个活动串联起来，成为一个系统的、完整的、有始有终的、有进有出的项目。因此，规划和设计流程图，应当用箭头标明整个项目发展的方向。有进有出才预示着整个流程的畅通无阻，只有进没有出，或者只有出没有进，这样的流程设计一定存在问题。

4. 左右对称

在流程运行过程中，有时并不是只有一个选项，而是存在多个选项的情况。这时就需要用两个或多个选项来体现流程中的选择。一般来说，选项会分布在整个流程的左右两侧，呈现出较强的对称性。

（三）衡量流程效果

设计好流程图之后，人力资源管理者还要衡量整个流程的价值。流程规划和设计的目的并不是流程本身，而是流程的价值，即流程的效果。一个流程是否科学合理，需要对其效果进行衡量。

一般而言，衡量某个流程是否科学合理，可以借助时间、质量、员工满意度三个维度。

1. 时间维度

时间维度是衡量一个流程是否科学合理的关键维度。对企业来说，时间就是效率和效益。从成本的视角来看，企业在单位时间内生产的产品越多，所花费的成本越少，产出的效益越多，获得的市场价值越大。从人力资源管理的视角来看，时间维度包含两重意义。

第一重意义是整个流程所花费的时间。

一般而言，人力资源管理者规划和设计的流程以顺畅为主，所花费的时间越少越好。

以入职流程为例。新员工在入职时，一般对企业抱着观察的态度。如果入职流程简便、顺畅，新员工对企业的好感度就会大大提升，有利于新员工尽快融入企业的工作氛围。

相反，如果企业的入职流程烦琐，新员工就要花费大量时间出入不同的部门，无形中挤占了新员工熟悉岗位和部门人员的时间，影响新员工对企业的综合体验感受。

第二重意义是单位时间内人力资源管理者处理事务的数量。

在同样难度和质量要求下，人力资源管理者处理工作的速度越快，效率越高。相反，如果某个流程需要花费人力资源管理者大量时间和精力，则会拖慢整个工作系统的进度，降低效率。

2. 质量维度

人力资源管理工作质量直接关系整个企业的效益。人力资源管理工作是以人为主要对象的工作，人才是企业重要的资源，人才的选、育、用、留都直接关系企业的发展。

企业的人才招聘、人才培训、人才使用和人才留用都需要花费大量的人力、物力和财力，因而人力资源管理工作也应当有质量要求，否则，企业就会难以为继。

3. 员工满意度维度

人力资源管理工作的直接对象是企业员工，人力资源流程服务的对

第四章 人力资源管理的数字化战略

象也是企业员工，员工的满意度直接关系企业人力资源流程管理的效率。只有不断提升员工的满意度，流程设计才能真正发挥作用。

（四）规避流程陷阱

人力资源管理者进行流程规划和设计时还应当注意一些流程陷阱。具体包括以下几个方面。

1. 流程僵化缺少变通

流程并不是僵化的、一成不变的，而是伴随着外界环境的变化而不断变化的。因此，流程在一段时间内可以固定但不能僵化不变，一旦流程固化，办事的灵活性就会大打折扣，一些简单的事情也会变得复杂化。原本为提升工作效率而设立的种种流程也会变得复杂，导致沟通成本增加，效率降低。

为了防止流程变得僵化，人力资源管理者在进行流程规划和设计时，应当设计出流程改进的机制，当外界环境变化时，及时改进流程，保持流程的高效率和灵活性。

2. 流程落后无人维护

一些企业的流程，在设计之初的设想十分美好，然而在流程执行过程中，没有对流程文档进行定期审查和维护。比如，一些部门在接到流程通知后，对某事项进行了讨论，并达成了一致，却没有在相应的流程中点击确认或记录，就开始执行讨论结果。人力资源管理者也并未督促相关部门补充记录。长此以往，流程文档就会形同虚设，无法起到应有的作用。

对此，人力资源管理部门应当设立专门的组织，定期对各个流程文档进行审定，当发现漏洞或不按流程进行文档记录时，及时提醒相关人员补充文档记录，以确保文档处于最新状态。

3. 模糊地带相互推诿

在现实工作中，无论流程做得多么细致，也不可能囊括所有情况。一旦外界环境发生变化或企业内部组织发生重大调整，流程中可能会出现模糊地带。在遇到问题时，过分强调流程，忽略现实变通，易出现工作中的推诿现象。

在遇到这种现象时，人力资源管理者应当主动积极地与相关人员进行沟通，及时顺畅地解决问题，确保流程的顺利推进。

四、数字化战略下人力资源流程管理的持续改进方向

在数字化战略下，为确保流程的长期性和有效性，人力资源管理者应当对流程管理进行持续改进，具体可从以下两个方向着手。

（一）用闭环管理推动流程的持续改进

闭环管理是一种通过流程闭环来实现目标的管理方式。

以招聘为例。一家企业的招聘流程可长可短，步骤可多可少，结果只有一个：为企业招聘适合的人才。

（1）职位分析。

（2）职位发布。

（3）简历预判。

（4）简历邀约。

（5）面试评估。

（6）背景调查。

（7）发放入职通知。

（8）新人入职。

（9）新人试用期评估。

（10）结果验证。

上述招聘流程共分为十个步骤，这些步骤构成一个闭环，互相关联，缺一不可。其中，第一项职位分析，与第十项结果验证应当一致，只有这样招聘结果才能够达成预期。

使用闭环管理推动流程的持续改进，可以借助数据工具，分析原因，追究责任。

第四章　人力资源管理的数字化战略

1. 用数据说话

在数字化战略下，数据成为人力资源管理工作的重要基础。和业务数据相比，人力资源数据具有量小、零散、复杂的特点。

（1）量小，专注度高。人力资源数据量小，数据宽度大、迭代性强，能形成高质量的数据集。

（2）零散，价值高。人力资源管理工作能够覆盖整个企业的各个业务板块，涉及多个流程和系统，数据形式相对较为零散。比如，一家规模较大的企业旗下设有多家子公司，每家子公司中都设立了多个业务部门。这些业务部门通常拥有独立的业务，形成了大量多且零散的数据。这些数据是企业发展过程中形成的重要资源，具有极高的价值。

（3）复杂，能动性高。人力资源管理工作的场景具有多样化的特点，有的工作难以精准量化。在考核时，不同业务部门、不同工种的指标具有多维度、非线性的特点。人力资源管理工作的这些特点，决定了其数据不易提取和总结。

此外，人力资源管理工作中产生和涉及的数据并不是独立存在的，而是与各部门、各项目组的发展、创新、生产密切联系在一起的。尤其是在进行跨部门合作时，数据已然成为跨部门合作的桥梁，在整个企业的发展过程中起着极其重要的作用。

从人力资源管理的视角看，数据不仅是工作的基础，还是企业的重要资产，通过数据分析，用数据说话能够精准地指出工作的痛点，提升工作效率，助力整个企业的顺畅运转。

数据在人力资源流程管理中也起着极其重要的作用，用数据分析闭环流程，可以直观、有效地指出流程中卡顿、冗余或不足之处，有利于人力资源管理者对流程管理进行持续改进。

2. 找原因，追责任

在完成流程闭环后，人力资源管理者要对整个流程的数据进行详细分析，从中发现可以持续改进的地方。

例如，在新员工入职时，人力资源管理部门构建了完整的入职流程。

如果某个部门的新员工在入职后总是出现低效的情况，就预示着该部门的入职流程没有得到彻底贯彻。人力资源管理者可以对该部门的相关管理人员进行关于入职流程的重点培训。

又如，在一家规模较大的企业中，子公司经理可以运用人力资源管理部门开发的自助服务软件在系统中创建新职位。如果某家或某些子公司在新职位创建时频频出错，表明该系统的培训工作不到位，子公司经理并没有真正理解或掌握自助服务软件的使用方法。找到了具体的原因，人力资源管理部门可以针对性地对某些子公司经理进行强化培训。

再如，如果企业建立了质量管理流程，而某个部门或区域仍然频频出现质量问题，人力资源管理者可以对该区域的质量管理进行持续跟踪，最终用数据分析原因，追究相关人员的责任。

（二）推动企业人力资源流程管理的自动化

企业人力资源流程管理实现自动化，能够在短时间内完成多项人力资源管理工作，同时能够反映出企业流程中的漏洞，有利于持续推进人力资源流程管理的改进。

以薪资统计和发放为例。企业每月要进行所有员工的薪资统计和发放，除了少数员工外，其他员工的休假、考勤、资金等数据均需要进行人工收集和系统导入。引进自动化技术后，员工的薪资各项数据均可以自动获得并上传至薪资系统。员工的考勤数据可以直接上传至薪资系统，系统会自动扣除员工请假的天数，加入奖金等数据，从而在短时间内生成员工的薪资数据。这不仅极大地减少了人工对薪酬计算的干预，还大大缩短了薪资计算的时长，提高了人力资源管理者的工作效率。

综上所述，企业的运行需要多个科学、完善的流程的支持。在数字化战略下，企业可以借助一些工具和方法推动人力资源流程管理方法的持续改进，提升工作效率。

第五章
AI 时代数智化人力资源管理的基本认识

第五章　AI 时代数智化人力资源管理的基本认识

第一节　AI 时代概述

一、AI 的含义

AI 就是人工智能，是计算机科学的一个分支，主要研究如何通过计算机系统来完成一些需要人类智能才能完成的任务。AI 要完成这些任务，先要开展一定的学习，了解人类的行为并作出模仿，达到能够理解复杂的内容，完成复杂的任务，甚至能代替人完成非例行工作的效果。

应当特别注意的是，AI 不是一种特定的技术，它具有明显的集合性，AI 的实现需要多种技术协同发挥作用，如机器学习、深度学习、自然语言处理等技术。

二、AI 时代的特点

AI 时代具有五大特点：万物互联、VUCA 发展环境、数据要素驱动、业务与技术深度融合以及数字原生代。

（一）万物互联

AI 的兴起给人们的生产与生活带来了巨大的影响与改变，各行各业都掀起了 AI 热潮，AI 科技的强大力量使得其社会影响力大幅增长，社会上的万物都产生了紧密的联系，包括物质与物质之间、物质与人之间、人与人之间，以及人与事、人与场景之间，AI 的出现使信息具有了高度共享性和转化性。信息转化能够产生比信息本身更强大的能量，这些能量在人类的智慧运用下，将为人类社会的发展提供不竭的动力。但不得不承认，上述提到的所有互联，其最终目的都是为"人"提供服务。这可以理解为，AI 的出现也是为"人"提供服务的，只不过借助万物互联的特点，让人得以接触更多的资源，从而创造出更多的价值。

（二）VUCA发展环境

VUCA是volatility（易变性）、uncertainty（不确定性）、complexity（复杂性）和ambiguity（模糊性）的英文首字母组合。AI时代在带给人类便利的同时，使得社会环境更加VUCA，并且这种环境已经成为世界发展的新常态，复杂多变的环境给企业生存和发展都带来了巨大的压力与挑战。AI时代环境不断变化促使企业不得不进行快速创新与变革，企业内部各部门之间的联系也越发密切，使部门之间的边界逐渐淡化和模糊化。要想在这样的变革中提升管理能力和运营能力，企业或组织管理者就必须提高敏觉力，对外部环境保持高度的敏感性，能结合外部环境变化灵活改变管理方式与方法，调整企业发展方向，确保企业在复杂多变的社会环境中紧跟潮流，并不断实现自身的迭代与发展。

（三）数据要素驱动

数据是AI时代的一种新型生产要素，数据要素驱动指的是利用数字技术对数据进行快速、高效集成、挖掘和分析，并实现数据的全球化共享，从而打破信息孤岛。企业可以根据这些数据并利用一定的算法，来分析自身发展过程中存在的问题，并借助从这些数据中挖掘到的有效数据的价值，来修正本企业的相关问题，为企业运营赋能，驱动企业生产能力和管理能力的提升。可以说，数据要素驱动就利用数据价值帮助企业进行决策与管理等。

（四）业务与技术深度融合

企业的发展首先离不开技术的支持，其次离不开业务。技术是为业务服务的，业务是为企业争取利润的，两者在企业中的占比本身就很大。在AI时代，为了满足市场需求，满足客户需求，业务必须进行转型，业务的转型会涉及新技术的应用，所以企业在AI时代的发展离不开业务与

第五章 AI 时代数智化人力资源管理的基本认识

技术的深度融合。企业应当构建业务和技术高度融合的综合性团队，成为企业在 AI 时代数智化转型的重要支撑。

（五）数字原生代

AI 时代与单纯的数字时代存在一定的差异，这是因为 AI 时代的技术与数字时代的技术相比在应用以及信息获取方面都有了更大的进步，可以用"数字原生代"和"数字移民"两个术语来区分两个群体。其中，数字原生代指的是那些生活在互联网和高科技产品包围中的年轻人，而数字移民则指的是出生在数字技术发展不够成熟，未得到普及时期的人。两者相比较，数字原生代对数字化、智能化技术更加依赖和信任。数字原生代由于从小在数字化和智能化环境中长大，对数字技术具有较高的敏感性，思维也更加活跃，当出现新事物和新挑战时，他们往往更易接受，也更易面对，他们更在乎参与的过程。

在职场环境中，数字原生代的特点更加明显，他们重视深度参与的工作环境，也看重企业内部领导层是否对自身的需求有及时的反馈。这一代人渴望在职场中发挥和展示自己的价值，渴望得到众多人特别是领导的认可。基于此，企业在 AI 时代实施发展战略时需要综合考虑数字原生代的需求，尽力为他们打造富有吸引力和活动性的工作环境，提高他们的满意度，推动企业持续进步。

三、AI 时代企业数智化转型

数智化可以理解为借助数字技术为人类提供更多、更优质服务的能力，该能力既可以应用于商业模式中，也可以辅助企业日常管理与决策工作。在企业管理中，数智化主要指的是应用大数据、人工智能等数字技术来对企业内部与外部数据进行分析，并构建一定的算法模型，最终利用数据分析结果帮助企业管理者处理各种问题，同时将数字技术与企业中的产品和服务进行高度融合，达到企业业务流程重塑与革新的目的，最终实现企业运营成本的降低和智能化的提升。

需要注意的是，有的人对"数字化"和"数智化"的理解有一定的偏差，认为"数字化"就是"数智化"，实际上，两者既有一定的联系，又存在一定的差异。数字化是一个技术概念，主要是利用数字技术对数据做分析，而数智化则是在数字化基础上的一种升级，其既需要用到数字技术，又超越了数字技术本身的功能，能使管理、决策和企业服务等各项工作实现智慧化升级。近几年，数智化热潮出现，一些企业积极探索 AI 与本企业的关系及融合之处，为了提高企业数智化水平，增强企业的核心引擎，越来越多企业开始了数智化转型之路，这种决策和方向是顺应社会发展、提升竞争力的智慧决策。

四、AI 时代人力资源管理数智化转型

基于 AI 时代的特点和企业数智化转型的需要，企业人力资源管理在 AI 时代也应当积极转型，利用数字技术的优势实现对人力资源管理决策的智慧化赋能，进而为企业数智化转型赋能。人力资源管理朝着数智化方向转型，能够使管理流程更加自动化和智能化，可以使企业在广阔的市场环境中利用数据处理技术高效洞察相关资源和规律，搭建数智化场景，提高员工的体验感和积极性，最终实现人力资源管理效率的提升。

第二节　数智化人力资源管理的特征和理论基础

一、数智化人力资源管理的特征

数智化人力资源管理从不同的维度来看有着不同的特征，主要包括以下四个方面。

（一）以数字化人才为主导

对于企业来说，数智化转型应当人才先行，数字化人才是当前企业

第五章 AI时代数智化人力资源管理的基本认识

数智化转型的重要人力保障。数字化人才不只掌握先进的数字技术，还能利用数字技术开展业务活动和管理工作。本书将数字化人才细分为三类，具体如图5-1所示。就当前社会发展与企业发展来看，社会和企业要实现数智化转型，这三类人才缺一不可。在实际工作中，数字化人才可以将数字技术与自身的专业技术进行有机融合，将大量具有高价值的数据信息应用到数智化转型中，从而为企业设置更数智化的服务场景和业务场景，促进企业"数据+智能"战略的实施。

图5-1 数字化人才分类

（二）数据驱动科学决策

在AI时代，高度集成的数据分析技术成为人力资源管理工作开展的重要工具。企业可以构建一个"一站式"服务的大数据分析平台，该平台需要覆盖人力资源管理的整个业务链条，不论哪个环节，都可以在数字技术的支持下集成并整合来自多个异构数据源的信息，保证了数据的全面性与多样性，有助于提高数据管理效率和决策优化质量，具体如图5-2所示。

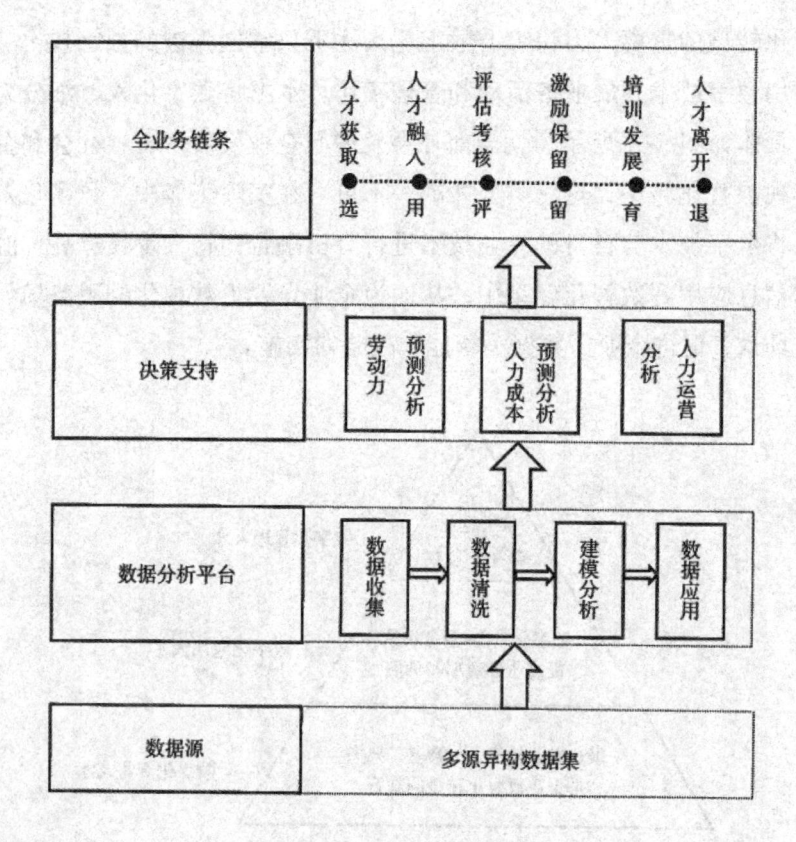

图 5-2　数据驱动科学决策

另外,"一站式"服务大数据分析平台可以完成数据的快速清理与验证,将无用的、价值不高的信息及时剔除,保证了留下的信息的准确性和相关性,使每个数据与实际管理工作都相关,这在很大程度上提升了数据的应用价值。人力资源管理者在进行决策时,使用线性回归、运筹学方法以及决策支持系统,能够确保决策的科学性;使用可视化技术,则可以将平台中较为复杂的数据转换为直观的图表与报告。人力资源管理者在看到这些更直观的结果时,能够在较短时间内作出科学决策,这对人才选拔、使用、培养和留存等都具有重要意义。

数据驱动下的人力资源管理模式使得企业人才管理结构和流程都发生了改变,这在招聘环节表现得尤为突出。利用大数据算法,平台能够

第五章 AI时代数智化人力资源管理的基本认识

自动根据岗位需求匹配和筛选合适的求职者，一方面减少了人力资源管理者自己搜集求职者信息的时间，另一方面也提高了人才筛选的精确度。就目前来看，一些企业不只借助数据分析筛选求职者简历，还利用该技术来分析求职者的各项信息，根据分析结果来描画每位求职者的详细人才画像，判断他们的技能、经历等是否与岗位相匹配，进而实现精准招聘。在这个过程中，工作是由平台系统完成的，基于数据的招聘决策也因此更加客观、公平，减少甚至避免了传统招聘形式中的主观性，提高了招聘的公平性与客观性。

（三）形成数智化人力资源管理闭环

数智化人力资源管理闭环应当先从业务场景出发，要结合企业的战略目标、组织运营情况和人才管理情况，对企业人力资源管理做全面创新与发展，随后还要进行业务场景验证，充分了解当前人力资源管理市场环境和企业发展状况，利用数字技术诊断当前企业在人力资源管理中遇到的问题与困难，找到人力资源管理数智化转型的关键节点，有目的、有针对性地结合企业实践对人力资源管理进行模型化分析，实现有效闭环。数智化人力资源管理闭环可以以终为始，即从结果开始，对人力资源管理的数智化程度进行追踪和评估，根据评估结果反向推动人力资源管理的数智化程度进阶，促使人力资源管理朝着更加量化和数智化的方向发展，以此实现业务流程的进一步优化，创造出新的数智化应用场景和增值服务，如图5-3所示。

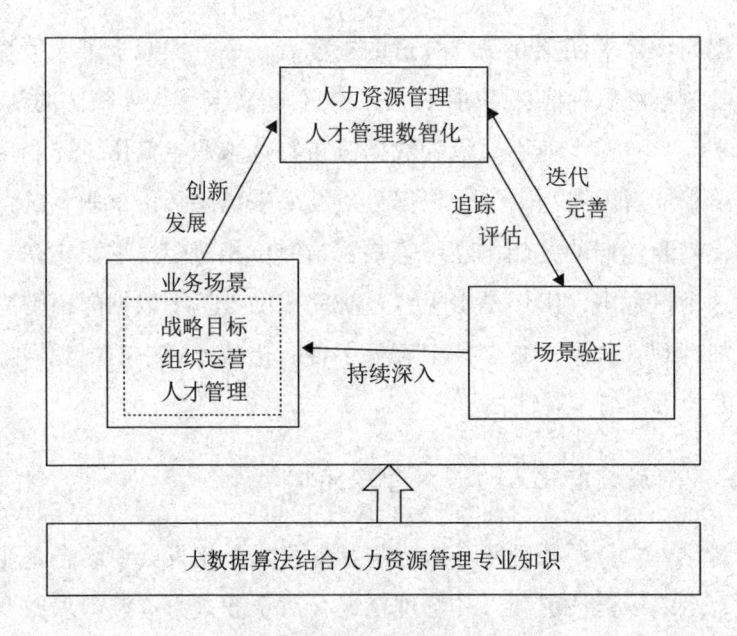

图 5-3 数智化人力资源管理闭环

数智化人力资源管理闭环使得人力资源管理不再是孤立的功能，与业务发展的联系更加密切，成为业务发展的重要推手。通过数字技术的赋能，企业人力资源管理可以更加精准地与各业务场景进行匹配。在不断对场景进行监控和评估的过程中，企业人力资源管理部门可以随时根据实际情况进行人力资源策略调整，确保与业务需求高度一致，这个过程是动态化的，促进了企业业务流程的打通与协同，实现了真正意义上的闭环管理。

（四）实现降本增效的目的

数智化人力资源管理利用数字技术可以实现对工作流程的重塑，不论是人才招聘环节，还是考勤绩效和薪酬管理等环节，都通过线上与线下结合管理的模式，能够实现员工服务自助化、绩效算薪自动化、能力发展体系化、数据交互实时化和运营分析数字化，大大提高企业人力资源管理的效率与水平，如图 5-4 所示。

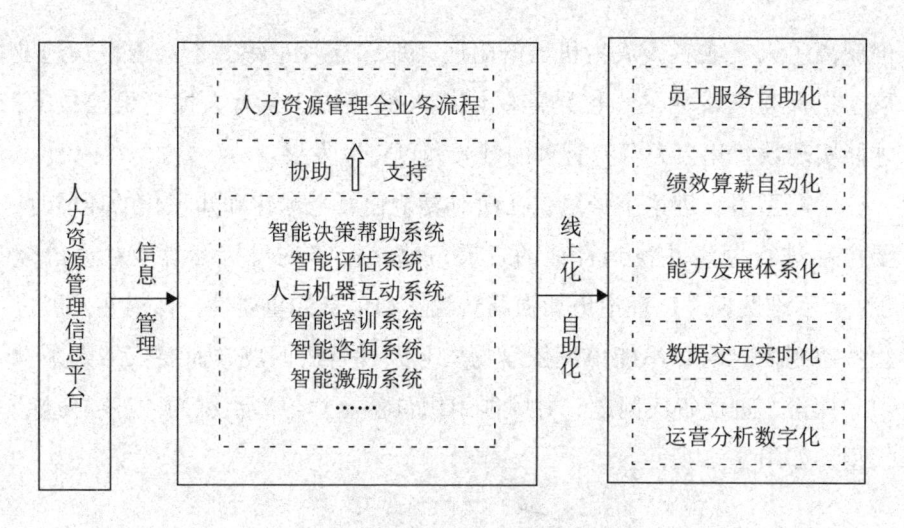

第五章　AI 时代数智化人力资源管理的基本认识

```
┌─────────┐         ┌─────────────────────────┐         ┌──────────────┐
│         │         │    人力资源管理全业务流程    │         │  员工服务自助化  │
│         │         └─────────────────────────┘         └──────────────┘
│         │              协助 ↑ 支持                    ┌──────────────┐
│人力资源  │  信息                                      │  绩效算薪自动化 │
│管理信息  │──────→  智能决策帮助系统      线            └──────────────┘
│平台     │  管理   智能评估系统          上            ┌──────────────┐
│         │        人与机器互动系统       化            │  能力发展体系化 │
│         │        智能培训系统          自            └──────────────┘
│         │        智能咨询系统          助            ┌──────────────┐
│         │        智能激励系统          化            │  数据交互实时化 │
│         │        ……                                 └──────────────┘
│         │                                            ┌──────────────┐
│         │                                            │  运营分析数字化 │
└─────────┘                                            └──────────────┘
```

图 5-4　运用数字科技重塑工作流程

以绩效管理为例，数智化人力资源管理可以帮助企业实现降本增效的目的，利用数字技术对员工的整个工作过程进行实时记录，并在系统中建立员工数据点；人力资源管理者可以根据这些数据点了解员工的实际工作情况，并及时调整员工的绩效反馈。这样既能改变传统绩效考核的数据搜集方式，提高工作效率，又能让员工感受到动态化的绩效制度，以此激发工作积极性。数智化人力资源管理对员工的绩效评估更加便捷和科学，为员工晋升和调整薪酬制度提供了依据。

二、数智化人力资源管理的理论基础

（一）学习型组织理论

学习型组织是由彼得·圣吉（Peter Senge）在《第五项修炼》中提出来的，他认为人类的发展离不开学习，对于企业来说也一样。企业能够在复杂的环境中生存，是因为其能够不断学习。学习型组织往往具有明显的自我超越性，能够提高社会生存力和竞争力。虽然在 AI 时代，各项工作都更加数智化，机器在人类生产和生活中占据的比例越来越大，但脱离了人，或者人成为机器的附属，那么这种组织并不会取得长远发展。机器是人发明的，也是需要依靠人操控的，只有人提高操控技术，才能实现数智化人力资源管理的健康和可持续发展。

学习型组织理论主张组织在面对复杂化、全球化和知识化的环境时，要主动进行探索并找到合适的发展策略，以实现可持续发展社会的建设。[①]不难发现，该理论更加强调新观念和信息的重要性，认为在发展过程中遇到困难时，不能单纯依靠物质等条件解决问题，而要依靠人来学习、探索，进而解决问题，并赋能组织价值。学习型组织的"五项修炼"模型，如图5-5所示。

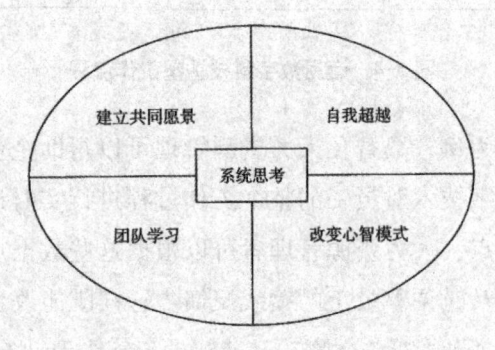

图5-5 学习型组织"五项修炼"模型

1. 自我超越

在学习型组织"五项修炼"模型中，自我超越是基础部分，它要求个体通过学习知识与技能，不断接受新鲜事物以突破自己的舒适圈。在组织中，个体不能故步自封，也不能安于现状，要时刻保持积极的学习态度与状态，要秉持终身学习的理念，不断努力，用学到的知识改变现实生活，并将自己融入新生活中，开启全新的发展与探索模式。组织要实现依靠组织中的个体，使个体的学习力汇聚形成组织的学习力，当组织中的员工都能保持学习力和创造力时，整个组织将产生源源不断的巨

---

① 温恒福，张萍.学习型组织的实质、特征与建设策略[J].学习与探索，2014(2)：53-58.

大能量，推动组织进步。自我超越是建立在对现实与愿景差距的清晰了解之上的，不是盲目学习，而是有针对性地、有计划地学习，并在不断学习中激发新思维、新能力，最终实现自我超越。

2. 改变心智模式

心智模式也称心智模型，能够有效反映个人、组织等各个层面的假设、形象和故事。不同的心智模式会使人产生不同的世界观、人生观、价值观，也会使人针对同一问题出现不同的行为。只有容易被察觉的心智模式才能进行检视，并进一步作出相应调整。心智模式有好坏之分，好的心智模式可以促进组织发展，坏的心智模式则会阻碍组织发展，甚至破坏组织结构，影响组织正常运转。企业都希望员工具备良好的心智模式，要改善员工心智模式，就应当要求员工在企业中不断向优秀的同事学习，要在工作中挖掘和激发自我潜能，尽可能让潜能表现出来，以便作出科学审视和调整。企业只有依靠员工形成一套良好的集体心智模式，才能真正实现发展。

3. 建立共同愿景

共同愿景指的是，在同一个组织中，人们有着共同愿望的景象，这是提高企业内部凝聚力的重要基础。一些企业在实际运营过程中，内部员工总是无法形成合力，与企业的黏度也不够，这主要是由员工的个体愿景与企业的发展愿景不一致、员工与企业的关系不够密切引发。而学习型组织则强调员工要与企业建立共同的愿景，要形成员工和企业共同追求的目标，这样才能增强员工与企业的黏度，才能使员工努力、发展的方向与企业发展的方向一致。失去了共同愿景，学习型组织也就不成立了。

4. 团队学习

俗话说，众人拾柴火焰高。团队的力量要远远大于个体的力量。在企业中，如果员工的团队协作能力不强，员工与员工之间、员工与企业之间不能协调配合，那么这个团队中的个体力量将大大削弱。另外，如果个体的力量非常强，但在团队中个体不以整体团队为基础，只从个人视角考虑问题，那么整个团队的共同目标很难实现。学习型组织主张团队学习，也就是一个团队的成员要在一起共同学习。在这个过程中，各个成员表达想法与见解，多种思维的碰撞与融合很容易产生更优秀、更出色的成果，并且每个成员的综合能力也能得到提升。依照学习型组织理论，学习的基本单位应当是团队。

5. 系统思考

系统思考指的是全面分析系统内部与外部反馈、非线性变量及其时滞效应的方法。系统思考主张组织从全局和动态的视角看待问题，挖掘问题的深层次原因，这对于学习型组织的构建具有重要指导意义。系统思考作为学习型组织"五项修炼"模型中最后一项，能够将上述四项进行有效整合，"五项修炼"模型成为一个兼具理论与实践的统一体。在"五项修炼"中，系统思考占据着核心位置，有了系统思考，学习型组织才能在复杂多变的环境中持续进步与成长。

从上述分析中可以发现，组织的发展离不开人的发展，人的发展离不开学习，因而将学习型组织应用到人力资源管理中，具有重要意义。特别是在 AI 时代，知识更新换代的周期在不断缩短，这对企业中的各类人员的学习能力提出了更高的要求。企业人力资源管理必须转变管理模式与策略，帮助企业构建数智化学习型组织，让企业内的成员都能够在 AI 时代及时学习相关知识与技术，促使所有成员都具备终身学习的能力，进而为企业创造不竭的活力与动力。

（二）四叶草组织理论

四叶草组织理论是由何江等学者基于当前数智化技术改变用工形态，出现新型混合劳动力的发展趋势提出的。[1]四叶草组织的基本结构，指的就是专业核心劳动力、灵活用工劳动力、产消者劳动力和智能机器劳动

---

[1] 何江，闫淑敏，关娇．四叶草组织：一种新型混合劳动力组织形态 [J]．外国经济与管理，2021，43（2）：103-122.

第五章 AI时代数智化人力资源管理的基本认识

力，如图5-6所示。这四种劳动力是相互配合、协同共生的。四叶草组织目前已经成为AI时代企业组织的典型形态。

专业核心劳动力

组织的核心元素、"中枢系统"和协同共生的"命运共同体"，如资深专家、技术人员和管理人员等

智能机器劳动力

又称数智化劳动力，指融入数智化技术且用于替代人工劳力的计算机、机器人、智能化系统和智能机器设备等

灵活用工劳动力

按需调整的灵活性用工形态，如临时工、外包、兼职、劳务合作、劳务派遣等

产消者劳动力

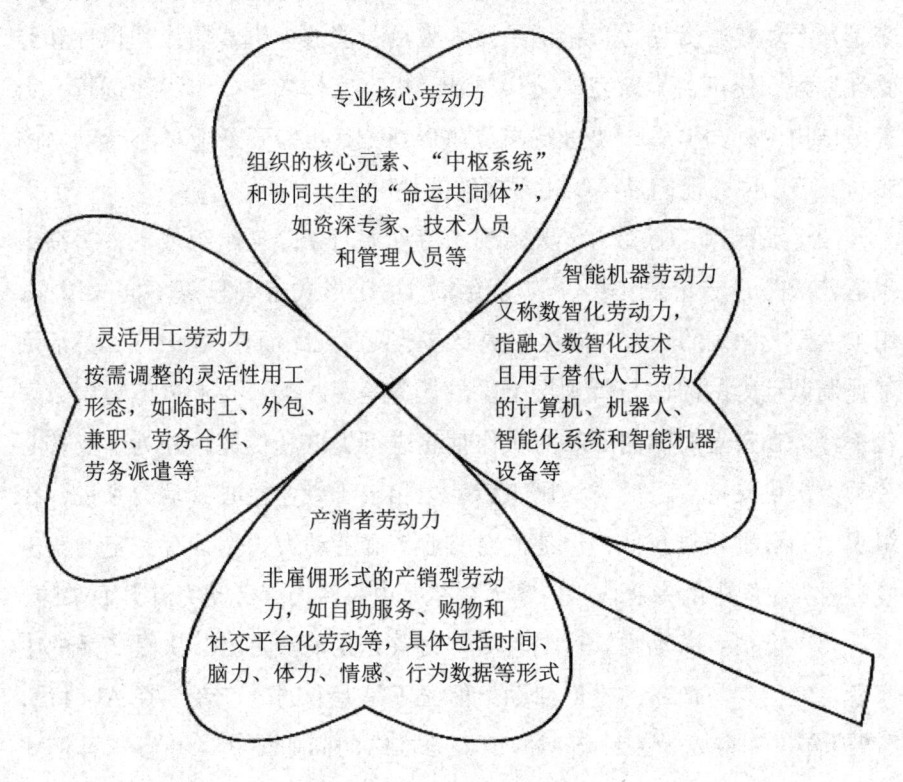

非雇佣形式的产销型劳动力，如自助服务、购物和社交平台化劳动等，具体包括时间、脑力、体力、情感、行为数据等形式

图5-6 四叶草组织的基本结构

1. 四叶草组织的基本元素

（1）专业核心劳动力。该劳动力是四叶草组织结构中的核心元素，对其他任何一项劳动力都有较大的影响。组织中的各项计划制订、工作协调以及对组织整体的科学运行控制等，都离不开专业核心劳动力。一个组织中核心劳动力通常包括资深专家、技术人员和管理人员等，他们的价值观和行为习惯往往能在一定程度上反映出组织文化和品牌理念，是组织的一种形象代表。对于灵活用工劳动力来说，专业核心劳动力可以对他们起到很大的引领作用，能够为他们开展工作提供更多的知识支撑、技术指导，帮助他们更好地完成工作任务，帮助组织实现正常运作；

对于产消者劳动力来说，专业核心劳动力可以通过管理等手段为他们提供更优质的服务，带来更好的薪酬和晋升空间等；对于智能机器劳动力来说，专业核心劳动力，特别是技术人员，能够为机器输入知识性和经验性编程，使机器不断完成迭代更新，提高工作效率。组织要进行人力资源结构变动与调整，要进行岗位职责划分，也需要专业核心劳动力的参与。可以说，他们是组织正常运转的关键。

（2）灵活用工劳动力。灵活用工劳动力对于降低组织成本，提高组织运营效率具有重要作用，其与传统的用工形式有着显著不同。以前，用工主要考虑人的能力与岗位职责要求是否匹配，而在AI时代，灵活用工强调劳动力的时间与管理层下发的任务是否匹配，要求员工运用数智化平台，在较短时间内及时对工作信息进行提取和传递，并为专业核心劳动力提供支持。虽然灵活用工劳动力相较于专业核心劳动力来说，在组织中的级别相对较低，但他们对专业核心劳动力仍然具有一定的竞争性，因为组织中的专业核心劳动力往往是由灵活用工劳动力晋升而来的。

（3）产消者劳动力。产消者劳动力首先是消费者，其次是产品的生产者，他们参与产品的生产活动，但又不是专业的生产者。在AI时代，"产消合一"将成为一种新型的、大力推广的商业模式，并且这种模式将会在很大程度上影响其他商业模式。产消者劳动力能够为组织提供免费的劳动力，与灵活用工劳动力一样，能够帮助组织实现降本增效。另外，产消者劳动力也可以在组织内部出现，如把企业内的培训部门看作一个生产部门，那么该部门提供的培训内容就是它的产品，被培训成员就是产品的"消费者"，培训部门这一"生产者"需要调动这些"消费者"的积极性，促使他们积极参与到培训这一"生产"环节中，这样可以接受部门培训，并实现专业知识与技能的传播，为企业整体水平提升提供人才保障。

（4）智能机器劳动力。智能机器劳动力指的是非人对象，是用人类智慧创造的一种能够被人类控制，完成人类的相关指令，辅助人类工作的一种机器。智能机器劳动力的出现与应用使人类进入了高端脑力劳动替代时代,智能机器劳动力在人类劳动生产中发挥着重要作用,影响着当今生产力的模式与结构,人机结合已经成为社会生产方式的主流。伴随着人工智能的不断发展,人们与智能机器劳动力的协作更加充分,智能机器劳动力在人类的掌控下,能够为人们创造更多的价值。

2. 四叶草组织的特征

对四叶草组织各元素进行分析,可以总结出四叶草组织的几个特征。

(1)以人为本。四叶草组织将人看得较重,在组织中,各类活动都是以人为本的,即使有机器的融入,也要求做到人机协同共生。从四个元素来看,以人为本具体表现在以下几个方面。第一,在专业核心劳动力方面,组织注重员工个人工作体验和满意度,努力为员工提供人性化的服务,想方设法激发员工工作积极性,真正从促进员工全面发展的角度考虑问题。第二,在灵活用工劳动力方面,组织为员工提供了更加灵活的就业机会,给予了员工更多的选择权,员工在工作时间、工作方式等方面具有更大的灵活度和选择空间。第三,在产消者劳动力方面,组织从消费者的视角出发,了解消费者的需求导向,并积极完善和优化服务,尽可能满足消费者的个性化需求。第四,在智能机器劳动力方面,虽然机器大大减轻了人的劳动强度,为企业带来了巨大的效益,但在使用机器的过程中,仍然注重人的才能的发挥,人对机器的控制、对技术的优化比机器本身具有更大的价值。

(2)多元共生。四叶草组织的各个元素之间是相互影响的、协同共生的,这些组织劳动力形态呈现多元化特征,并在协同共生的关系下不断发展与完善。具体到实际经营中,多元共生表现更加明显。第一,企业与员工之间不再是简单的雇佣关系,而是企业与员工共生存、共发展、共担责,在企业中,如果员工表现非常优秀,有着更专业的经商、管理头脑,那么该员工很有可能成为企业的"合伙人"。第二,企业与消费者之间也是共生关系,如今,在社会经济和市场环境的影响下,产业发展模式发生了翻天覆地的变化,消费者对产品的要求更高,企业为了生存与发展,必须在满足消费者需求的基础上,为其提供更多优质的服务,而消费者又能够为企业带来更多的经济效益，促进企业产品与服务的进一步升级优化。第三，企业与外部市场环境是协同共生的，在科学技术快速发展和社会交易往来日益频繁的今天，各个企业之间、行业之间不是孤立发展的，而是相互合作、共享资源的，彼此之间协同发展能够实现共赢。第四，数智化技术在企业中的渗透越来越明显，在AI时代，人机协同决策、协同作业与协同管理逐渐成为当前企业运转的一种新常态，人类凭借自身智慧发明并利用机器，为机器提供程序化的知识促使其劳动，而机器又通过机械化和智能化服务为企业带来效益，人机关系逐渐走向共生。

（3）灵敏柔性。四叶草组织的灵敏柔性同样表现在多个方面。第一，在劳动力形态方面呈现多元化和灵活化特征，特别是在灵活用工劳动力方面，其工作形式、工作时间都具有更大的灵活性。第二，在劳动力比例结构方面更加机动化，由于企业在不同的发展阶段对劳动力需求不同，因而劳动力比例结构也会随企业发展战略的变化而变化。第三，在组织管理方面相对传统组织管理方式更加灵敏化和柔性化，企业更加看重员工的需求，能够为员工创造更舒适、更数智化的办公环境，并且由于各个元素之间的联系更加紧密，因而当任何一个元素出现变动时，其他元素都会立即发生响应，提高了工作效率。

（4）虚拟数智。虚拟数智是四叶草组织的基本特征，也是该组织在AI时代适用且受欢迎的重要原因之一，这在智能机器劳动力方面表现更加突出。四叶草组织可以借助数字技术实现人与人、人与机器、机器与机器、人与组织、机器与组织间的紧密相连，这些协作关系将为企业发展创造和提供无穷的数据信息，有助于企业借助数据分析实现生产运作的模拟仿真，在降低企业实践成本的同时，提高工作效率。另外，在员工管理方面，利用人工智能、云计算、物联网等数智化技术也可以实现管理的智能化，能够帮助人力资源管理者对员工的工作状态和离职率进行有效监控与预测，能够帮助企业管理层更快地挖掘优秀人才，进而助力企业实现高质量发展。

（三）自我领导理论

自我领导理论的核心要义是自我驱动，在自我驱动下，通过一定的努力达成绩效。自我领导的机制实际上主要是解决三个问题，如图5-7所示。

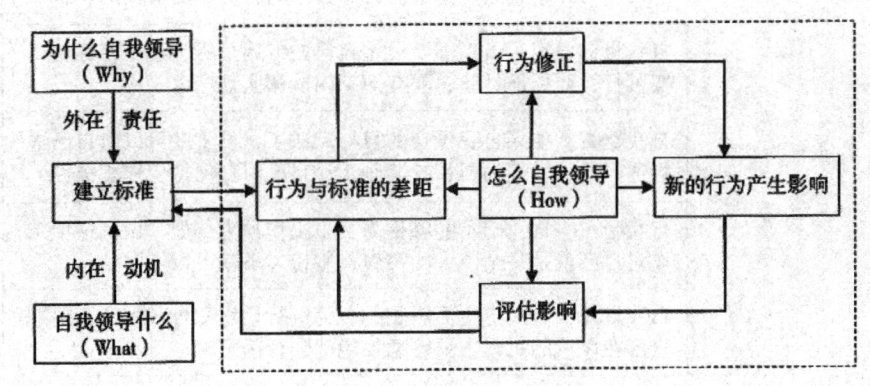

图5-7　自我领导的机制

在 AI 时代，社会发展变化较快，有很多预想不到的事情发生，这给企业带来了巨大的挑战，企业的变革要求员工必须具有自我领导的能力，能够通过自我驱动达成绩效目标，从而使自己更快速地适应企业发展变化，避免自己被企业、被时代所淘汰。

员工先要清楚为什么进行自我领导，要清楚自我领导的意图，随后针对自我领导建立一定的标准，建立标准的过程通常会受到多种因素的影响，主要可以总结为两点：一是内在因素，即员工自身的价值观、理念和内在动机等；二是外在因素，即企业的社会责任。综合这两大因素，员工会建立自己的标准，并比对自身行为和标准之间的差距，对自身行为作出相应的修正，由此产生新的行为，这些新的行为又会对员工的工作状态、工作效率等产生新的影响，基于新的影响，员工会做进一步评估，判断新的行为与标准之间的差距，由此再对新行为做修正，形成一个循环。

要想更好地实现自我领导，可以从三个方向入手，具体策略见表5-1。

表5-1 自我领导的策略

策略	内容
注重行为策略	自我观察：员工可以对自己的日常工作状态多加观察，多想一想自己为什么会这样做？由此对自己的行为有更清晰的认识
	自我目标设定：员工需要设定自己的专属目标，这个目标要切实可行，要更加具体，要在短期内能够实现
	自我奖赏：如果自我设定的目标完成了，员工就可以对自己进行适当的物质奖励或精神奖励，让自己时刻保持工作积极性
	自我暗示：自我暗示能够提高员工工作动力，如"做完这项工作对自己就是一个巨大的突破，坚持一下就可以了"
	自我批评：对产生负面影响的行为进行反思和自我批评，提醒自己在以后的工作中要注意杜绝此类行为发生
自然奖赏策略	思维自然奖赏：主要指自主赋予动机，包括能力、自控力和目标，对员工的工作行为与活动具有一定的引导作用
建设性思维策略	预想成果表现：提前对未来进行构想，激发自身行动力
	自我对话：主要指自我沟通和自我评价，时常问一问自己"这样做对吗？""下一步该怎么做才能提高效率呢？"
	信仰与假想：员工需要具备建设性思维，并将此思维作为工作的指导思维，减少非理性思维的产生与应用

在 AI 时代，人机合作越来越普遍，也更加复杂，这是数智化发展的必然趋势，人力资源管理要想提高员工积极性，除了依靠相应的政策与制度外，还需要鼓励和引导员工积极进行自我领导，让员工在内驱力的作用下充分挖掘自身价值与潜能，在工作中不断提升自身素养与能力，促使员工秉承终身学习的理念，最终实现企业的高质量、可持续发展。

（四）激励理论

企业在发展过程中建立合适的激励机制，通常可以激发员工更大的

第五章 AI时代数智化人力资源管理的基本认识

工作积极性，增强员工对企业的认同感。激励机制是人力资源管理的重要内容，也是AI时代开展数智化人力资源管理的重中之重。激励是基于人的需求出发的，激励过程实际上就是需求、动机、行为之间的关系，如图5-8所示。

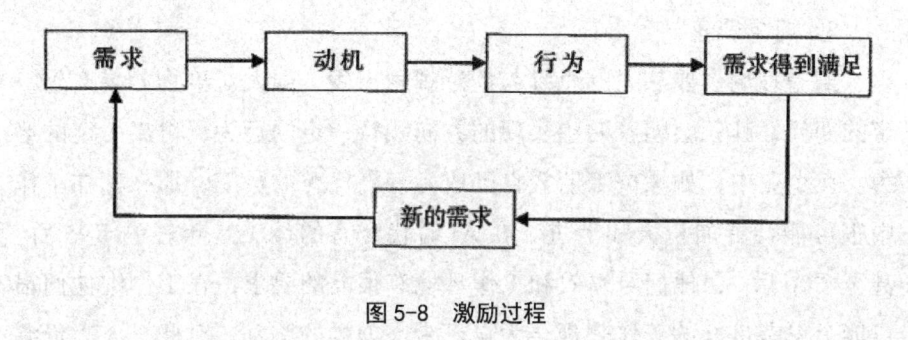

```
需求 → 动机 → 行为 → 需求得到满足
 ↑                        ↓
 └──────── 新的需求 ←──────┘
```

图5-8 激励过程

下面主要介绍基于动机的过程型激励理论，其更加关注员工从动机产生到实施具体行为的心理过程。[①] 过程型激励理论又可以分为三大理论。

1. 强化理论

强化理论认为人的行为主要受外界因素的影响。举例来看，如果一个员工因为作出某些行为而受到了领导的认可与赞赏，那么该员工在后续的工作中很可能继续重复这个行为，并对此行为保持自信、骄傲的态度；而如果员工因为作出某些行为受到了惩罚或批评，那么该员工很可能不再作出此行为。该理论主张在数智化人力资源管理中将重点放在对员工积极行为的强化上，以此提高员工工作积极性，并增加企业内部积极行为。

2. 目标设置理论

毋庸置疑，目标设置理论将目标放在了核心位置，设置具体的、具有挑战性的目标，能够让员工清楚自己需要做哪些工作，为达成这个目标需要作出哪些努力等，目标的设置会在很大程度上影响和引导一名员

---

① 李楠.AI时代：人力资源管理数智化转型[M].北京：人民出版社，2023：47.

工的行为。但在设置目标时需要注意，AI数智化的发展确实给企业业务流程带来了巨大的便利，但由于员工的学习能力不同，对数智化技术的接受能力也不同，因而人力资源管理者在设置相关目标时，需要结合员工实际情况把控目标难度，确保目标有难度但能够实现。

3. 期望理论

期望理论主要从人的思维与情感视角出发，即人对事物如果产生一定的期望，其就会朝着期望实现的方向践行一定的行为，付出一定的努力。在企业中，如果员工期望自己成为一名优秀的员工，那么其在工作中很可能会更加积极和上进。在AI时代，有的员工是年轻的"95后"甚至"00后"，他们对绩效和工作环境有很高的要求，在工作中他们很可能会思考良好的工作表现会为自己带来怎样的奖励。对此，人力资源管理者需要了解员工的真实期望，并结合员工期望和企业经营情况，采取合适的绩效奖励措施，改善办公环境。

第三节　数智化人力资源管理的组织结构

一、数智化人力资源管理组织结构的特点

组织结构指的是构成组织内部结构的要素及它们之间的相互关系连接而成的一个框架体系，其主要包括四大层面，分别是职能结构、层次结构、部门结构和职权结构。

而数智化组织结构指的是，在AI时代，利用数智化技术对组织的内部结构要素进行重构，使之形成一个全新的、智能化的、能适应外界市场环境变化的框架体系。

与传统的组织结构相比，数智化人力资源管理组织结构主要具备以下三大特点。

第五章　AI 时代数智化人力资源管理的基本认识

（一）扁平化

传统的组织结构呈现明显的垂直化分布特点，上下级分明，权责有着明显的界限，员工参与企业管理的机会非常少，各个部门之间交流不够便利。而数智化人力资源管理组织结构更加扁平化，这表示企业组织的各个要素的横向协调得到加强，上下级界限逐渐弱化，各部门间的交流更加频繁。同时，在企业管理方面，员工有了更多的参与权和自主权，管理更加注重员工的需求，这既提高了管理效率，也有利于提高员工对企业的认可度，便于员工为企业数智化转型作出积极配合与提升。

（二）去中心化

组织结构的去中心化代表着企业管理者与员工关系的改善以及管理者角色的改变。之前，企业管理者具有较大的统治权限，员工只能听指令工作，不能发表过多个人看法与意见。而在数智化人力资源管理中，组织结构呈现去中心化特点，管理者不再是独权者，其与员工更像是同事、合作伙伴的关系，员工参与企业决策的机会更多。尤其是在 AI 时代，员工获取信息和提升能力的渠道不断增多，他们可以随时随地完成自我提升，这使得员工的自主性和创新性也得到了增强。在这样的背景下，让员工参与企业决策，多重思维的碰撞将使决策更加合理化和更具创新性，对促进企业数智化发展具有重要作用。

举例来看，一家玩具电商企业，可以采用小组制实施运营策略，将原来的部门领导转化为小组负责人，负责统筹整个项目的运作方案，而员工分别负责玩具设计、玩具推广营销、玩具原材料采购等内容，不同人有不同的工作任务，缺一不可。不论是价格的制定，还是营销方案的选择，他们都需要共同参与和决策，企业其他部门则需要配合这些项目小组完成任务。在这种管理模式下，小组中的每个成员都对项目完成起到关键作用，每个成员都被更大程度赋能，这既给予了员工充分的决策权、经营权、发言权，又能够拓宽企业多品牌发展之路。

（三）生态化

"生态化"这一概念最先出现在生物学领域，指的是在生物的生存、活动以及繁殖过程中，生物会与周围的环境进行物质与能量交换。从另一个角度理解，则可以认为生态化本质上是生物多样性与整体性、平衡性与非平衡性的统一。将该概念应用到管理学中，主要指的是组织与外部环境的协同发展，而要与外部环境进行协同发展，就需要组织打破与外界环境的壁垒，使边界模糊化，这又恰好与扁平化理念相吻合。因此，组织结构的生态化是建立在扁平化基础之上的，其打破边界壁垒而与外界环境进行更多的交流与合作，从外界环境中发现行业发展趋势，并及时对自身作出调整，以便灵活应对市场变化，在复杂多变的市场环境中保持鲜活的生命力和较强的竞争力，在共享和交互中实现组织的可持续发展。

数智化人力资源管理组织结构的三个特点也被视为组织结构发展的几个重要阶段。首先，在扁平化阶段，组织的层级界限逐渐被弱化，主张进行横向管理，这改变了管理者的角色，加快了各个部门间的信息传递与共享，给予了员工更多的自主权。其次，在去中心化阶段，组织进一步为员工赋能，员工更深入地参与到组织决策中去，组织决策更加科学化、合理化，也更容易实现创新与转型。最后，在生态化阶段，组织强调站在更远、更宽的视角看待发展，要积极突破市场壁垒，与其他企业开展合作，不断提升自身应对环境变化的能力。

二、数智化人力资源管理组织结构的设计原则

（一）服务战略原则

服务战略原则是数智化人力资源管理组织结构设计的基本原则，也是核心原则，只有保证组织结构与组织战略相匹配，才能实现组织的可持续发展。在 AI 时代，数智化转型强调企业发展战略必须以客户为中

第五章 AI时代数智化人力资源管理的基本认识

心，组织应当全面了解客户的需求，并采取市场调研、数据分析等方法对客户的真实需求和潜在需求进行精准识别，要充分利用大数据和人工智能等技术，实时获取客户的反馈信息，进而结合这些信息，进一步对组织战略做动态调整，最大限度地为客户提供期望的产品与服务。

（二）分工与协作相结合原则

分工与协作都可以从组织内部和组织外部两个角度考虑。第一，在分工方面，从组织内部来看，组织要对各个部门的权责进行明确分工，各个部门要清楚本部门的核心任务是什么，要将工作重心放在哪些方面。从组织外部来看，组织要明确自身的发展重点，要清楚自己要运营什么。第二，在协作方面，从组织内部来看，组织要加强各部门间的协同与合作，要实现资源与信息的共享，充分挖掘每一位员工的价值，增进组织内部关系的团结。从组织外部来看，组织要加强与其他企业的协作，从其他企业中汲取精华，学习先进的数智化技术与管理理念，为本企业数智化发展积累更多的知识与经验。但需要注意，在实际工作中，分工与协作不是分开执行的，而是相辅相成的，只有保证两者的统一与平衡，才能保证组织的整体效率提升。

（三）以客户需求为导向原则

科学技术的迅猛发展与社会环境的快速变革，使得客户与企业之间的关系也发生了较大的改变。企业客户群体不再单一，除传统的"终端客户"外，企业内部的员工和企业的合作者都可能成为企业的客户。客户群体不断多元化，也更加显示出客户对企业的重要性。对此，在设计数智化人力资源管理组织结构时，企业应当遵循以客户需求为导向原则，借助大数据等技术充分了解各类客户的个性化需求，尽可能在花费较低成本的基础上实现对客户的优质化服务。

（四）敏捷性原则

在 AI 时代，社会环境变化又快又复杂，组织要在快速变化的环境中生存并获得较强竞争力，就需要保持高度敏捷性，要能够及时察觉外界环境变化，并能够快速作出应对，对组织结构进行科学调整。这就要求组织结构设计应保证组织具有一定的柔性，应当给予基层部门与员工充分的自主权，当外界环境变化需要组织结构进行调整时，这些基层部门与员工能够配合组织进行快速调整，确保组织抓住市场机遇，在激烈的市场竞争中站稳脚跟。

三、数智化人力资源管理组织结构的设计步骤

数智化人力资源管理组织结构设计主要包括八个步骤，如图 5-9 所示。

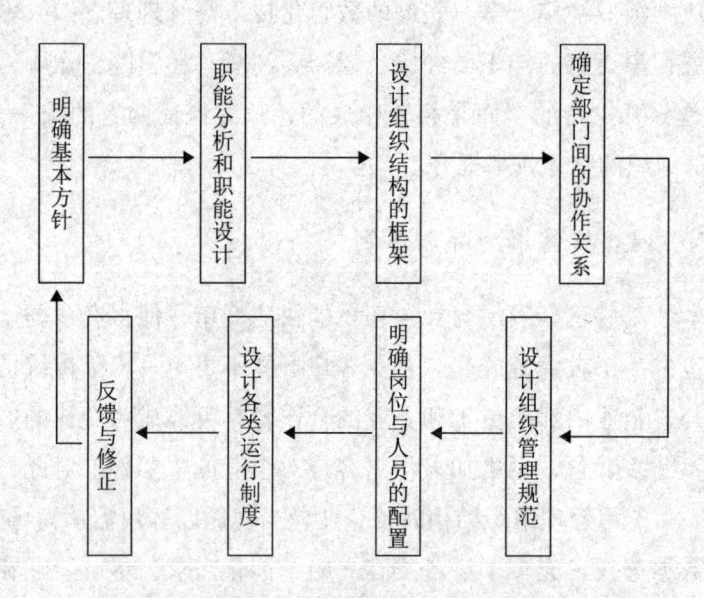

明确基本方针 → 职能分析和职能设计 → 设计组织结构的框架 → 确定部门间的协作关系 → 设计组织管理规范 → 明确岗位与人员的配置 → 设计各类运行制度 → 反馈与修正 →（返回明确基本方针）

图 5-9 数智化人力资源管理组织结构设计

第五章 AI 时代数智化人力资源管理的基本认识

（一）明确基本方针

数智化人力资源管理组织结构的设计是为了实现组织更高效、更顺畅发展。首先，设计应当明确组织发展的基本方针，要清晰组织战略目标，确定组织发展的共同愿景。其次，设计应当确定组织发展的核心业务，要借助数智化技术对自身的各个方面条件做评估，分析自身内部环境建设情况及所处的市场环境。最后，将这些方面的内容全部输入数智化平台中，借助相应的数字模型得出组织的基本方针，这为组织的后续设计奠定了基础，也提供了基本的设计思路。

（二）职能分析和职能设计

要借助数智化技术对组织内部的各项信息进行采集，深度挖掘这些信息背后的内涵，包括岗位职能的内容、性质、与组织的关系、与其他岗位的关系等，并找出关键职能。对于不同的职能，要有相应的设计，确保各个部门都能明确自身职能，都有对应的职责。

（三）设计组织结构的框架

1. 管理幅度的确定

管理幅度实际上是从组织横向跨度来看的，横向跨度越宽，表明管理幅度越大，相反，横向跨度越窄，管理幅度越小。相较于传统的组织结构设计，数智化人力资源管理组织结构设计的横向跨度明显更宽，这意味着管理层负责的活动项目更多。影响管理幅度的因素有很多，如管理者和员工的性格、能力，组织内部的数智化技术工具水平、岗位工作性质等。由于数智化人力资源管理组织结构扁平化特点较为明显，上下级的界限逐渐被淡化与模糊，在管理与决策方面员工有了更多的参与权，因而各类信息的传递以及上下级之间的沟通更加便捷，这有助于进一步拓宽管理幅度。具体到如何确定管理幅度，则包括三个步骤：步骤一，找出影响管理幅度的具体因素；步骤二，对影响管理幅度的各个因素进行分析，并归类做好等级划分；步骤三，确定具体的管理幅度。

2. 管理层次的确定

与管理幅度相反，管理层次是从组织的纵向跨度来看的，纵向跨度越长，表面管理层次越多，相反，纵向跨度越短，管理层次越少。数智化人力资源管理组织结构扁平化特征在很大程度上削弱了其纵向跨度的发展，取消了很多中间管理层级，组织结构纵向跨度显著缩短。这种组织结构便于员工与管理者更深入沟通，也节省了信息传达与反馈的时间。具体到如何确定管理层次，同样包括三个步骤：步骤一，大致明确组织的管理层次；步骤二，确定具体的管理层次；步骤三，结合组织发展的实际情况以及各层次的性质特点，对层次进行微调。

3. 组织部门的划分

组织部门的划分旨在明确各部门的职能与职责，避免各部门因职责不明确而出现职能交叉、职能混乱等情况，减少部门间的矛盾，同时提高工作效率。对组织部门进行划分既可以按照产品的不同划分，也可以按照服务对象的不同划分，有些大型企业在全国甚至国外都有分公司，对于这样的企业，也可以按照地区设置组织部门。

（四）确定部门间的协作关系

在AI时代，不同部门间的交流越来越多，各部门间业务关系也越来越复杂，不同部门间合作的项目与内容也有所差异，因而需要利用数智化平台，科学分析组织内部各部门间的协作关系，同时开展各部门间的协作，共享资源与人才。

（五）设计组织管理规范

在数智化平台中录入组织内部各项管理的标准与流程，由平台自动进行分析，最终得出一套完整的管理规范，将该规范应用于日常管理中，能够及时解决问题，优化组织流程，提高组织运转的规范性。另外，企业需要明确数据使用和保护政策，要保证组织在遵守规范的前提下，充分利用数智化工具提升工作效率。

（六）明确岗位与人员的配置

在快速变化的市场环境中，为了保证组织内部人力资源的高效利用，组织应当充分利用相关技术，对组织内部的岗位进行优化设置，要明确各个岗位的职责与要求，并利用数据分析工具识别出关键岗位和核心能力需求。对员工进行人才画像分析，可以让每位员工都能分配到合适的部门和岗位。另外，上传与分析每位员工的各类工作数据，还可以了解员工的个性特点与学习、发展需求，进而为他们制订个性化的培训计划和生涯规划，帮助他们不断提升技能水平，当组织内部岗位出现变动时，确保他们可以快速适应新的岗位要求，实现人岗匹配的最大化。

（七）设计各类运行制度

人力资源管理各项工作模块中都会有相应的运行制度对工作进行指导与约束，包括绩效管理制度、薪酬福利制度、培训制度等，这些制度将在第六章进行详细论述。

（八）反馈与修正

在数智化人力资源管理组织结构设计中，对组织结构不断进行反馈和修正有利于使组织在复杂多变的社会环境中保持持续优化。企业可以建立实时反馈系统，当组织内部各层级员工或外部环境信息出现变动时，系统能够及时作出响应，并识别出潜在问题，提出相应的修改意见。在修正方面，可以制定明确的修正流程，定期对组织结构进行评估，结合反馈结果进行调整，使组织结构保持灵活性和动态性，提高组织整体敏捷力与创新力。

第六章　AI时代数智化人力资源管理的具体内容

第六章　AI 时代数智化人力资源管理的具体内容

在 AI 时代，将人力资源管理进行数智化转型是企业发展所需，也是人力资源管理创新所需。数智化人力资源管理贯穿人力资源管理的始终，在招聘、培训、绩效和薪酬管理四个方面表现尤为突出。在这几个方面，数智化人力资源管理效果更明显，本章主要从这四个方面做深入分析与论述。

第一节　数智化人力资源招聘管理

一、数智化人力资源招聘的内涵

数智化人力资源招聘指的是利用数智化技术，实现对人才的挖掘与匹配，帮助企业找到与空缺岗位匹配的人员，为企业构建强大的人才梯队提供坚实的保障。

数智化技术的应用使得人力资源招聘有了更多的渠道和方法，主要表现在以下五个方面。

（一）招聘渠道扩增，以网络招聘为主

传统的人力资源招聘主要是线下招聘，这种方式招聘时间较长，看到招聘信息的人员有限，导致企业对人才的了解也有限，人才引进受限。而在 AI 时代，数智化人力资源招聘使得招聘渠道得到了明显扩增，招聘以网络形式为主，企业既可以在自己的官网上发布招聘信息，也可以在专业的招聘网站上进行人才招聘。当今时代是 AI 时代，也是新媒体时代，企业还可以借助各种社交媒体，如微博、微信等发布招聘信息。另外，随着数智化技术和媒体技术的发展，未来人力资源招聘还可能出现更多招聘渠道，企业人力资源管理部门应当尝试新兴招聘渠道，为企业广纳人才。

（二）数据驱动，精准匹配

在人才招聘方面，只有与岗位匹配的人才才能真正为企业贡献力量，否则人岗不符，尽管该员工具有很强的能力，但其能力不能得到发挥，对企业发展来说作用并不大。这就要求人力资源管理者在进行招聘时保证招聘的精准性，能够在短时间内为企业找到更合适的人才。在数智化技术的赋能下，人力资源管理者可以通过网络平台与系统，输入相关岗位名称、专业要求和岗位职责等内容，在海量的人才信息中快速检索出符合条件的人员信息，并利用相关模型对候选人的数据进行分析，得出人才画像，实现高效化、精准化人才检索与评估。这种利用数智化技术进行人才选拔的招聘形式，有利于提高企业用人决策的科学性。

（三）提高效率，缩短周期

在数智化技术的应用下，人力资源招聘中的一些流程，特别是那些具有重复性和标准性的工作，可以不再由人逐步实施完成，依靠人工智能等技术可以实现机器的自动化操作，这在很大程度上提高了招聘流程的自动化水平，相较传统的人才招聘来说，周期得到了大幅缩短，效率得到了明显提高。实际上，数智化技术在为企业人才招聘带来便利、提高效率的同时，为求职者求职带来了便利。求职者可以在网络中找到更多的就业机会，能够在网络平台上与企业的人力资源管理者进行线上沟通，结合企业给出的薪酬福利以及岗位职责要求等，判断自己是否要继续应聘该岗位，企业与求职者在这个过程中是双向选择的关系。除此之外，企业利用智能算法等技术完成人才的初步筛选后，还可以利用虚拟现实等技术对求职者进行线上面试，这大大缩短了传统"面对面"面试的时间，打破了面试的空间限制。招聘流程也因此更加自动化，人才招聘效率显著提升。

（四）减少消耗，降低成本

数智化人力资源招聘使一些线下工作转移到了线上，如简历筛选、与求职者进行沟通、对求职者开展面试与测评。这些模块的数智化一方面降低了人工成本，另一方面也降低了时间成本。招聘简章的发布、招聘现场的布置等工作，从线下转移到线上也节省了场地成本。可以说，数智化人力资源招聘在多个模块中都实现了自动化和线上化，这对企业成本控制而言大有裨益。

（五）增强体验，吸引人才

数智化人力资源招聘可以给求职者带来更好的体验，有利于增加求职者选择的机会。这具体体现在以下几个方面。第一，在回复求职者信息方面，利用数智化技术，企业可以事先在系统中设置一些求职者大概率会问到的问题，如企业文化介绍、岗位职责、企业发展空间等的回答，当企业人力资源管理者不在线时，如果求职者咨询这些问题，机器就能够自动回答，求职者的问题能够得到及时解决，这有助于增加求职者对该企业的好感。第二，数智化人力资源招聘优化了工作流程，在收到求职者信息时，人力资源管理者可以根据求职者的简历进行初步筛选，并在线上对求职者发出面试邀约，也可以写出拒绝理由，节省了求职者亲自到企业的时间。第三，数字加密等技术的应用可以有效保护求职者的个人信息，甚至有些系统还具有虚拟电话号码的功能，但并不影响人力资源管理者联系求职者，这给求职者带来了一定的安全感，增强了求职者的体验。

二、数智化人力资源招聘的原则

（一）以人才画像为参考原则

人才画像是 AI 时代数智化人力招聘中非常实用的工具，将人才画像作为参考，能够提高招聘的精准率。人才画像主要是利用大数据分析、数据可视化等技术，将获取的信息进行综合分析与归纳总结，最终形成一个虚拟的可视化人像，企业人力资源管理者可以结合岗位特征和可视化人像，选出与岗位最匹配的人员。人才画像通常包含表象层和隐性层两部分，也可以将两者理解为冰山上和冰山下两部分：表象层主要包括求职者的年龄、性别、学历、专业等，依照这些数据能够描画出基本的人才画像，企业人力资源管理者可以根据人才画像快速识别出求职者的大致意向；隐性层主要包括求职者的岗位专业能力、抗压能力、创新能力、工作动机等，这些要素对员工的工作表现和工作业绩通常具有更大的影响。在工作中，如果员工的积极性和价值观等与企业的匹配度较高，那么这些员工往往更乐意在工作中主动付出、积极进取，也更能够承受工作带来的压力。在现实工作中，有些企业过于关注冰山上的内容，忽视了冰山下内容的重要性，导致企业引进的人才只是在表象层满足岗位要求，在实际工作中却表现一般。对此，企业需要提高人才画像应用效率，要保证人才画像多维度、多样化覆盖，充分利用人才画像技术对职位和需求进行解构，为企业挖掘到真正的人才，切实提高招聘效率。

（二）公平性原则

数智化人力资源招聘主要依靠数据开展工作，求职者的能力、性格、专业、成绩等都被客观地输入系统中，人才画像依靠这些数据公平公正地进行分析与处理，得到的结果也是相对公平公正的。在对求职者进行面试时，企业人力资源管理者应当减少主观评价，尽可能使用人工智能等技术对求职者的表现做智能测评，企业管理者也可以对招聘面试过程进行监控，全面确保招聘的公平，从而使企业找到最合适的员工。

（三）经济性原则

控制招聘成本是企业人力资源管理部门开展工作时要考虑的一项重要内容，特别是在AI时代，新技术的引入本身就需要花费一定的成本，因而在招聘环节，人力资源管理者应尽可能降低成本开支。招聘成本包括隐性成本和显性成本两个类别，具体见表6-1。

表6-1 招聘成本的构成

分类	内容
隐性成本	时间成本：人力资源管理者要充分利用数智化技术，提高招聘速度，减少时间浪费与消耗，节约时间成本
	替换成本：一方面指数智化软件的替换，要从最初引进技术就提高选择质量，选择最优技术，尽量减少软件与技术的替换；另一方面指人员的替换，要利用数智化技术提高人才选用质量，提高人岗匹配度，减少人员替换成本
	管理运作成本：利用数智化技术对管理流程做优化，提高各环节工作效率，降低管理运作成本
	风险成本：增强风险意识，做好安全防范措施，减少因风险问题造成的成本损失
显性成本	渠道成本：多渠道招聘的确可以增加企业招聘优秀人才的概率，但要结合企业实际运营情况对渠道进行选择与控制
	甄选成本：要提高人才甄选水平，在短时间内快速挖掘到合适的人才，降低甄选成本
	人工成本：充分利用自动化技术进行简历筛选、智能面试等，减少人工干预
	录用成本：录用成本包括录取员工时涉及的手续费、调动补偿费、旅途补助费等，人力资源管理者应在这些方面做好优化选择，减少录用成本
	员工推荐奖励成本：奖励能够激发员工工作积极性，但奖励要与员工付出成正比，避免奖励过度而增加成本支出

三、数智化人力资源招聘的流程

数智化人力资源招聘流程主要包括四大阶段，分别是计划阶段、招募阶段、甄选阶段和录用阶段，这四个阶段分别对应着不同的工作环节与内容，发挥着不同的作用，具体如图6-1所示。

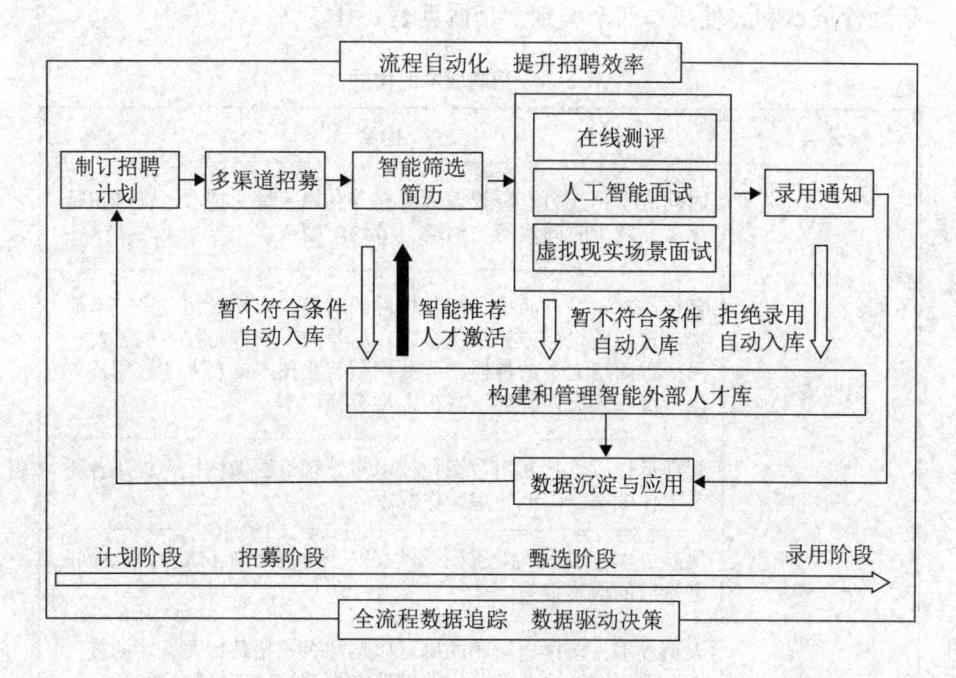

图6-1 数智化人力资源招聘的流程

（一）计划阶段

人力资源招聘计划是数智化人力资源招聘的首个环节，也是最重要的环节，该环节的质量直接影响着后续三个环节的质量。在制定计划前，企业管理层和人力资源管理部门都需要对企业发展所处的市场环境进行调查，通过大数据分析、卷积神经网络算法等数字技术广泛搜集信息，精确预测市场中人才供给和需求情况，了解当前社会中相关人才的数量和质量，了解这些人才对岗位的需求等，以此为依据帮助人力资源管理部门制订更精准的人才招聘计划。在制订计划阶段，可以利用上文提到的人才画像，帮助人力资源管理者从多个维度对人才进行识别与诊断，提高人才招聘的精准性。

除了招聘计划外，企业人力资源管理部门还需要对招聘信息的发布、

第六章　AI 时代数智化人力资源管理的具体内容

招聘渠道的选择、资格审查以及求职者面试等内容制订详细的计划，将数智化技术渗透到每个环节中，形成更系统、更标准的数智化流程。但计划并不是一成不变的，当外界环境发生变化或企业发展方向、发展战略发生变化时，数智化人力资源招聘计划也应当随时进行调整与修正，保证人才招聘与企业对人才的需求相一致，进而保证企业的可持续发展。

（二）招募阶段

招募阶段就是实施招聘计划的阶段，在此阶段，人力资源管理者需要借助各种传播工具发布招聘信息，采用各种新颖的手段来吸引人才。在 AI 时代，网络技术发展已经相当成熟，企业可以将招聘网站、社交媒体以及直播平台等作为招聘的主渠道，与此同时适当开展线下招聘活动，也可以在企业内部实行员工内推，这是节省招聘成本的有效手段。

1. 网络招聘

网络招聘往往具有更大的浏览量，覆盖面也比较广，这是网络招聘成为当前较受欢迎的招聘方式的原因所在。网络招聘页面可以为企业提供更多招聘服务，如人事外包服务，这在很大程度上协助企业提高了招聘效率。企业之前进行人才招聘往往需要人力资源管理者对纸质简历进行审核，当其认为应聘者与应聘岗位不符，但适合企业其他岗位时，会将纸质简历传递到其他岗位所在部门经理，这样既拉长了应聘者面试时间，也拉长了人才招聘的时间，招聘周期较长。而利用网络招聘，应聘者将电子简历发布到网站上，企业人力资源管理者将招聘信息发布到网站上，双方都可以通过输入关键词快速检索自己想要的岗位与人才，资源得到了充分利用，招聘效率大大提高。

2. 社交媒体招聘

社交媒体最初是供人们进行社交的平台，随着技术的进步，社交媒体的功能也越来越多，应用的领域也越来越广。如今，一些企业尝试利用社交媒体进行人才招聘，在这些平台上也有了自己的专属账号，甚至由专门的人员负责账号内容的更新与维护。当代年轻人的社交圈子在不断扩大，圈子的扩大意味着他们有可能获取更多的信息，利用这一特点，企业发布招聘信息，能够在一定程度上达到"广而告之"的效果。另外，有的人喜欢在社交媒体上分享自己的日常生活，这有利于人力资源管理者对应聘者的性格、爱好等有初步的了解，便于其对应聘者作出更全面的分析。

3. 直播招聘

新媒体直播发展势头迅猛，直播既改变了传统信息的交互理念和方式，也重塑了人们的社交生活与网络行为。利用直播平台，企业可以通过"主播＋企业展示＋岗位推荐＋互动"的形式进行招聘。在直播间，应聘者能够与企业人力资源管理者进行实时沟通，能够及时了解企业的发展情况、岗位的职责要求以及薪资待遇等。同时，直播招聘平台也可以在直播页面上线简历投递功能，当直播间人数过多，应聘者没有机会与企业直播人员进行互动时，可以利用此功能上传自己的电子简历，供企业后台查看。这种新兴的招聘方式使得招聘流程更加可视化、真实化。

4. 线下招聘

虽然线下招聘会与数智化技术联系并不大，但这是企业招聘的一种形式，并且现在这种形式依旧存在，因而企业要关注这种形式。线下招聘的形式对于校园招聘更加适用，大学生往往缺乏工作经验，对各个企业以及岗位的了解较少，企业可以通过线下校园招聘会，深入学生群体中，向他们介绍企业文化、企业发展方向、企业岗位空缺情况等，此时也可以将企业先进的技术和发展模块，如数智化技术在生产中的应用、数智化技术在营销方面的应用等介绍给学生，激发他们对企业的兴趣，吸引他们毕业后到本企业参加工作。

委托猎头公司也是线下招聘的一种形式。猎头公司就是为各企业招聘人才服务的，能够为企业挖掘到更高级的管理人才。与企业人力资源管理部门相比，猎头公司在招聘方面具有更专业的知识和更先进的技术、渠道，能够通过更快速的方式为企业搜寻到高层次人才。

第六章　AI 时代数智化人力资源管理的具体内容

（三）甄选阶段

甄选阶段是最复杂、涉及内容最多的一个环节，包括智能筛选简历、在线测评、人工智能面试、虚拟现实场景面试等。

1. 智能筛选简历

利用人工智能等技术，企业可以在招聘网页上向系统下达相应的指令，系统在接收到指令后，便会对所有应聘者的简历进行统一扫描，并对这些简历进行标签化处理，选出符合指令的简历。这减轻了人力资源管理者整理和录入简历的工作量，也有利于人力资源管理者对筛选出的人才进行了解。当人力资源管理者发现意向人员时，可以继续利用大数据技术对意向人员公开的过往工作经验和工作业绩进行深度挖掘，判断其是否与企业空缺岗位或者其应聘的岗位需求相匹配，提高人力资源管理者简历筛选的效率。

简历智能筛选结束后，人力资源管理者也可以通过智能机器人通知应聘者简历投递结果，如果对方不符合岗位要求，则可以利用智能机器人委婉拒绝，如"实在抱歉，您与本岗位暂不匹配，祝您找到更合适的工作！"，如果对方符合岗位要求，那么可以借助智能机器人对应聘者发出电话邀约，通知其进入下一环节，要求其提前做好准备。智能机器人的应用使人力资源管理者从传统的事务性工作中得以抽身，将时间和精力放在更专业的招聘指导与招聘战略规划等工作中。

2. 在线测评

一家企业不会只存在一两种岗位，可能有几个甚至几十个岗位，不同的岗位有着不同的岗位需求和岗位职责，利用人工智能等技术可以针对不同岗位设置出更具针对性的、专业化的问题，也可以利用这些技术将测评结果智能化输出，帮助人力资源管理者确定面试人选。

（1）针对性出题。在开通该功能前，先在系统中输入多种岗位、多种形式的试题库，当试题库成立，则输入一定的编程使其可以按照应聘者应聘岗位需求自动筛选出合适的问题。但这远远不够，在系统中还需要构建与专业知识、技能相关的知识图谱，基于智能题库和图谱，依靠数据挖掘技术，生成针对性的测试题。当应聘者进入在线测试界面时，就可以完成与自己应聘岗位相关的测试。

（2）智能输出测评结果。在建立题库、生成测试题的同时，还需要构建一定的标准，当应聘者完成测评后，系统需要将测评结果与预先构建的标准进行比对，自动分析并得到最终结果。企业人力资源管理者根据测评结果报告，会选择更合适的人进入下一轮面试。

3. 人工智能面试

人工智能面试指的是由智能机器对应聘者进行智能化线上面试，企业人力资源管理者不会出现。人工智能面试有五大功能，见表6-2。

表6-2　人工智能面试的功能

功能	内容描述
实时提问	智能机器人可以对面试者实时提问一些关于岗位知识、技能等方面的问题，并能及时对面试者的回复作出回应，实现与面试者的多元互动
语音语义洞悉	利用语音识别软件洞悉面试者的基本素质，如对方多使用谦辞，可初步断定其是有礼貌的人，如对方多使用低俗的语言，则初步判定其素质相对不高
情绪表情识别	利用面部识别软件可以识别面试者的一些微表情和肢体语言，分析其语言和行为背后的内容，如其在回答一个问题时眼神总是闪躲，则可能在此方面专业性不强或对此方面的知识了解不够透彻
素质评价匹配	根据实时提问、语音语义洞悉以及情绪表情识别，可以利用智能算法进行综合评价，判断面试者岗位胜任素质是否与岗位要求匹配
个性特质解码	对面试者各项数据信息进行搜集与分析，解码其个性特质

4. 虚拟现实场景面试

在现实生活中，不乏专业理论知识强，但实践操作能力较弱的人员，这些人员在传统的面试中，往往能够取得较好的成绩，给招聘者留下良好的印象，因为传统的面试环节基本不涉及实操内容，企业人力资源管理者无法看到面试者真正的技能水平,只能通过理论基础对其进行测评,判断其是否合格。这种面试方式引发的结果是,无法为企业招纳到兼具理论与技能的人才。而数智化人力资源招聘则可以利用虚拟现实技术,为面试者创建一个与岗位对应的虚拟场景,面试时人力资源管理者可以要求面试者进行实操,观察面试者在处理工作任务时的表现,考察面试者与岗位的匹配度,检验其实操技能水平是否符合岗位要求。

虚拟现实场景面试除了便于人力资源管理者精准分析面试者实操技能水平外,还能帮助企业减少传统用工方式的时间成本与人力成本。这是因为,在传统用工方式中,人力资源管理者只有将自认为合格的员工引进企业,并在试用期内对其观察,才能真正了解其是否与岗位匹配,如果员工能力与岗位需求不匹配,人力资源管理者还需要重新进行招聘,这将耗费大量时间与精力。而这种虚拟现实场景能够快速让人力资源管理者了解员工能力与岗位需求的匹配度,有利于管理者作出更好的招聘决定。

(四)录用阶段

一旦确定了合适人选,就可以通过智能机器人向对方发送应聘结果,通知对方入职时间、入职注意事项等。这种非人工的录用方式能为人力资源管理者节省出更多时间做招聘战略等工作。

四、数智化人力资源招聘的策略

(一)构建、管理智能外部人才库

人才是为企业创造财富的关键所在,人才对企业发展有着重要作用,企业必须重视人才,既包括已加入企业的人员,也包括在招聘过程中暂未加入企业但有价值的候选人。如果按照传统的招聘方式,这些人的简历和相关资料都是纸质的,企业在保管过程中很可能出现丢失的情况,又或者随着候选人资料的不断增多,当企业需要某些候选人时,人力资源管理者从大量的纸质简历中翻阅查找想要的人员，耗费大量时间。对此，在数智化人力资源招聘形式中，有必要构建智能外部人才库，将这些外部人才的电子信息进行智能存储，做好储备与管理工作。

1. 构建外部人才库

企业在开展对外招聘时，往往会在不同的渠道收到大量的投递简历，对于一些应聘者，虽然企业目前现有岗位没有合适的，但他们的能力非常强，是其他岗位的优质人选，或者是企业未来拓展领域的优质人选，那么这些应聘者的简历就可以输入外部人才库中。外部人才库并不是一个简单的收集简历的数据库，而是在阅读了上亿份简历并进行了相关数据分析后建立的人才库，其能够对录入的各个简历进行扫描与分析，根据应聘者专业、行业背景以及企业岗位类别等，将这些简历进行归类。后期，企业需要用到这些人才时，可以在数据库中输入关键信息，快速检索出意向人才的简历，便于人力资源管理者与这些人员取得联系。

需要注意的是，虽然人才库能收纳的信息量非常大，但建立人才库的根本目的并不单纯是扩充数据，而是收集、储存对企业发展有价值的人才简历信息，因而应避免无条件、无原则地录入应聘者简历。

2. 盘活外部人才库

盘活外部人才库要求人才库的存在应当是动态的、不断更新的。企业在构建了外部人才库并收录了大量应聘者简历后，随着时间的推移，这些人才的履历会发生或多或少的变化，如果人才库的管理人员没有及时更新这些人才的简历内容，那么这些简历对企业的价值将大打折扣。

人力资源管理者应当对这些简历进行实时跟踪与复盘，对于那些确定不会入职本企业的人员简历，可以予以删除。而那些并无明确态度的人员简历，人力资源管理者需要定期对他们进行电话访谈或者邮件往来，了解他们的最新进展并更新到简历中。在 AI 时代，人力资源管理者也可以充分利用数智化技术，与外部其他招聘网站进行合作，保证本企业外部人才库的数据与其他网站数据进行同步更新。

外部人才库建立的根本目的是满足企业未来人才需求，因而人力资源管理者需要让这些入库的应聘者对进入该企业保持强烈的意愿，要从被动入职状态转为积极入职状态。这就要求人力资源管理者要采用各种方式方法做好本企业文化的宣传工作，树立良好的企业形象，并与外部人才库中的人员保持一定的联系，与他们建立良好关系。由于这些候选人的性格、处事方式等存在很大的差异，因而在维护关系时人力资源管理者可以结合实际有针对性地选择维护方式。

3. 外部人才库智能推荐

企业在进行业务拓展或者岗位出现空缺需要继续招聘人才时，可以优先从外部人才库进行人才搜索。外部人才库能够根据企业的职位描述、行业动态以及特定偏好等多个维度，对库内的人才信息进行深度挖掘与分析，提取出简历中的关键信息，利用胜任力模型、相关性模型和排序算法等技术对库内的简历做综合评估，筛选出符合要求的人才，实现人才再利用，提高企业招聘效率。

（二）合理应用沉淀的数据

随着时间的推移和企业招聘工作的不断开展，企业得到的人才数据越来越多，人力资源管理者只有充分利用这些沉淀下来的数据，多维度分析这些数据，才能洞察信息本质，促使这些数据为招聘决策、企业人才管理等工作提供帮助。

具体来看，分析这些数据，可以了解应聘本企业人才的特征，了解当前的人才结构和人员求职意愿，也可以发现更受欢迎的招聘渠道，把握企业招聘的整体进度。这些内容都能够帮助人力资源管理者改进招聘方式与方法，对接下来的人力资源招聘工作做进一步优化，提高选人、育人、用人、留人的工作效率，在企业数智化转型中发挥主动作用。

第二节　数智化人力资源培训管理

一、数智化人力资源培训的特点

人力资源培训指的是人力资源管理者为了提高员工的工作能力，激发员工工作积极性，采取一定的方法和手段帮助员工掌握更多专业技能的过程。人力资源培训是人力资源管理工作中的一项重要内容，其既能帮助员工实现个人成长与发展，又能提高员工作效率，进而为企业创造更多的价值。

数智化人力资源培训指的是，在 AI 时代，企业要想更顺利地完成数智化转型，就必须采用数智化技术来优化人力资源培训工作，借助这些技术提升员工综合素质，赋予他们一定的数智化能力，最终实现企业的数智化发展。数智化人力资源培训有四个突出特点。

（一）培训方式多样化

1. 游戏化通关培训

游戏化通关培训指的是将培训的知识融入游戏中，让员工在完成游戏的过程中掌握知识。游戏化通关培训又可以分为很多种形式，如抢答题游戏，先由培训讲师向员工讲解几个知识点，然后将这些员工分成若干个小组，当培训讲师提出问题并发出开始抢答的指令后，最先举手的一组进行答题，答对加分，答错扣分，以此激发员工答题兴趣，在增强员工竞争意识的同时，还让他们在游戏中学到相关知识。

2. 模拟环境学习

模拟环境学习主要是利用虚拟现实技术，在网络平台或本企业系统中搭建一个逼真的模拟环境，当员工登录系统后，便可以进入这个"真实"的环境中。这种方法特别适合生产企业人员的培训，如在生产企业中培训安全知识。培训可以利用虚拟现实技术设计一个发生火灾的生产现场情景，让员工犹如身临其境般感受火灾的危害，并利用虚拟人物指导员工如何正确处理这种火灾。这种培训方式与员工的实际工作场景更加贴合，在很大程度上拉近了员工与管理者之间的距离，既培训了安全知识，也降低了模拟突发事件真实情景的成本。

3. 微学习模块

当培训内容较少，培训时间不够长时，可以采用微学习模块的方法。该方法依旧是利用数字化平台，为员工设置一个几分钟至十几分钟的学习单元，可以组织员工集体学习，也可以让员工利用碎片化时间完成学习。虽然学习时间短，学习内容却往往是精华，包含岗位需要掌握的核心概念、技能点和操作流程等。当企业转型或者岗位知识出现更新时，可以随时在这个微学习单元对内容进行更新，这种灵活性和可访问性受到越来越多企业的关注，这有利于企业快速掌握新技术，帮助企业和员工应对快速变化的市场环境。

4. 社交学习与协作平台

企业可以利用自身的社交媒体，也可以利用公共社交媒体，发布与岗位相关的知识。人力资源管理者需要积极引导员工在这些平台进行互动互学，鼓励员工分享工作经验、讨论问题。在这种互动交流中，知识能够得到有效传播。此外，社交学习与协作平台还有助于拉近员工间的距离，增强他们对彼此工作的了解与尊重，减少员工之间的矛盾，提高企业团队合作能力。

（二）培训内容个性化

培训内容一方面与岗位需求有关，另一方面还与员工的需求密切相关。特别是在AI时代，员工对数智化技术学习的需求更大，并且对自身职业发展因社会环境变化而出现全新的规划与期待，加之不同人的性格不同、兴趣爱好不同，企业人力资源管理者在确定培训内容时，必须综合考虑企业与员工的需求。但是，企业中的部门有很多，不同部门有不同的业务范畴，面对诸多的业务分类和大量员工，要确定高效的、有质量的培训内容并不是一件易事。此时，人力资源管理者应当充分利用人工智能、大数据等技术，搜集与分析员工的工作状态、工作业绩、学习偏好等，为每位员工构建专属的现实画像，并通过系统进行智能分类，使人力资源管理者获得精准的培训目标，进而推送相关学习内容。这样既提高了培训质量和效率，又减少了人力资源管理者的工作量，使企业培训更具针对性和专业性。

企业内部的人才通常是流动的、动态变化的，有新员工，有老员工，还有的员工可能涉及转岗，针对这些不同类型的员工，培训内容也应当有差异，不能将新员工与老员工一同培训，要为新员工选择有利于其快速上岗的培训内容，为老员工选择有利于其提升专业技能的相关内容。数智化技术为企业构建员工画像、岗位画像和海量课程库，通过系统智能分析与匹配，为不同的员工推荐有针对性的、个性化的内容，切实保障培训的质量，促使每位员工都能在企业中不断获得发展与提升。

（三）培训学习更高效

本书在上一章提到了学习型组织理论，该理论倡导员工不断学习，而数智化人力资源培训就是践行这一理念的重要体现。企业可以在自身网站内设置专门的学习模块，也可以在本企业的沟通群如QQ群、微信群等发布学习内容，供员工随时随地进行学习。另外，专业的学习模块还可以利用数智化技术进行问题解答，当员工对所学内容有所疑惑时，可以在线上提出疑问，智能机器人会自动解答专业性的问题。数智化的培训方式突破了传统培训方式在时间和空间上的限制，大大节约了对员工进行线下集中培训的时间，节省了场地成本，并且在互联网高度发达的今天，员工也更容易接受线上培训学习的方式。数智化人力资源培训还使得培训人员能够从多次的培训讲座、员工信息收集等事务性工作中解放出来，从而开展更具战略性、能为人力资源培训创造更多价值的工

第六章 AI时代数智化人力资源管理的具体内容

作，如培训教材的编写、培训策略的制定等。

（四）培训评估更科学

传统的人力资源培训模式无法对员工的学习进度进行实时跟踪与监控，培训结果很难得到精准量化和评估，这使得培训工作并没有真正实现闭环，不利于人力资源管理者为接下来的培训选择更具针对性的方案。而数智化人力资源培训则通过先进的学习管理系统，对员工培训的各个阶段进行控制与监测，使培训管理更加细致。另外，利用数智化技术还可以收集员工的综合学习数据，包括学习偏好、学习时长、测试成绩等，这种多维度的分析视角使评估结果更准确、更科学。平台的智能分析功能，可以使可视化报告快速生成，人力资源管理者根据报告结果能够识别学习内容的改进点，了解员工的培训需求，进而优化培训策略，提高培训质量。

二、数智化人力资源培训的原则

（一）服务战略原则

企业要想获得发展，就必须优先决定发展战略，可以说战略是决定企业发展的关键因素，并且企业中的活动开展也要以服务企业战略为基础。对于处于AI时代的企业来说，要实现数智化转型，就要采取数智化发展战略，因而企业数智化人力资源培训目标也应当与企业的数智化战略目标相一致。

数智化人力资源培训需要明确如下问题：为什么要开展培训？培训是为了达到怎样的效果？要对哪些员工培训哪些内容？应当对数智化人力资源培训做怎样的定位？只有明确了这些问题，并将数智化技术充分应用到员工培训的全流程，才能真正实现员工能力与素质的提升，为企业培养更多数智化、专业化人才，促进企业数智化转型战略的落地。

（二）以人为本原则

以人为本是人力资源管理工作应当遵循的基本原则，在数智化人力资源培训中，更应当坚持以人为本，只有从员工的视角出发，真正考虑员工的学习需要，满足他们的个性化需求，才能使他们更专心、更愿意投入培训中，认真学习培训知识，从而提高自身能力，促进组织效能的优化。

AI技术为人们的生活提供了巨大的便利，人们越来越享受AI带来的服务与体验。在这样的社会环境影响下，员工也将更注重对培训过程的体验。对此，数智化人力资源培训必须结合员工个人发展规划，利用相关技术来设计个性化培训内容与形式，提高员工学习驱动力。

（三）动态性原则

社会环境在不断变化，企业发展在不断变革，企业的数智化人力资源培训也应当随企业发展变化而变化，应当是动态的培训，要结合内外环境不断完善培训方式与内容，确保培训工作与企业发展相一致。

在AI时代，数智化技术更新换代的速度较快，人力资源管理者应当密切关注技术的迭代更新情况，关注行业发展态势，要及时将新的理念与技术引进企业，加强对员工的培训，为企业培养符合时代发展需求的人。

（四）敏捷性原则

在知识经济时代，在AI时代，企业的学习能力成为企业的一大竞争力，这显示出了人力资源培训的重要性。人力资源管理者应当具备高度敏捷性，能够快速察觉到市场的变化，并借助数智化技术在培训工作中迅速作出响应，将这些新变化融入培训中，让员工更快地接受新知识，提升员工的数智化水平和专业化水平，进而提升企业竞争力。

三、数智化人力资源培训的基本环节

（一）分析培训需求

分析培训需求是保证培训质量的关键，也是确保培训方向与企业发展方向一致的重要前提。在制订培训计划前，人力资源管理者需要利用大数据技术对员工个人信息、岗位需求与目标任务等进行分析，核实这些岗位的现实绩效，并找出现实绩效与标准绩效之间的差距，分析为什么要培训？要对谁培训？要培训哪些内容？要以何种方式培训？在数智化人力资源培训中，分析培训需求主要包括三个方面，如图6-2所示。

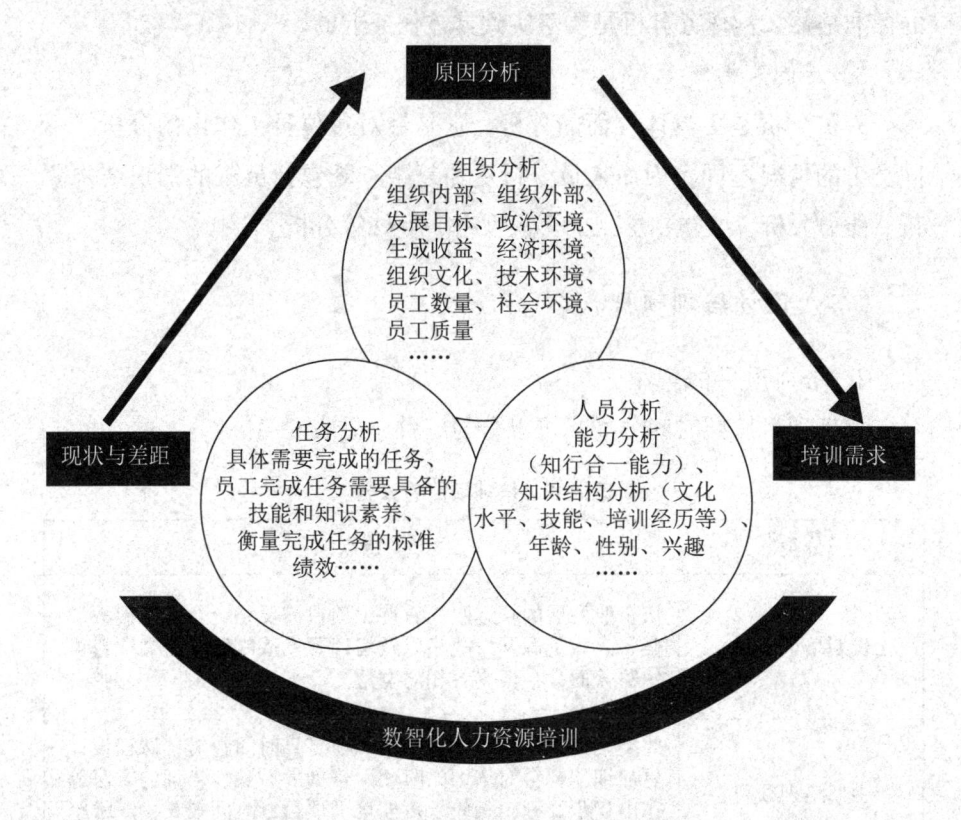

图6-2 数智化人力资源培训分析培训需求

1. 组织分析

组织分析主要从企业的视角进行分析,这种分析具有较强的全局性。既然是从企业发展的角度考虑,那么就要分析企业内部因素和企业外部因素两个方面内容。在内部因素方面,需要分析企业的发展目标与计划、企业人力资源的整体情况、企业的文化背景以及企业的生产情况。在外部因素方面,需要分析社会行业发展趋势、社会经济发展情况以及技术发展情况。

2. 任务分析

任务分析指的是分析需要完成哪些培训任务?完成这些培训任务需要培训人员具备哪些能力?需要员工掌握哪些能力?分析衡量完成任务的标准是什么?任务分析是要落实到具体任务上的。

3. 人员分析

人员分析是更具体层面的分析,它是针对每位员工作出的分析,不同员工的情况不同,因而人员分析更加复杂,既包括员工的知识结构分析、能力分析,又包括员工的个人性格、爱好等分析。

(二)设计培训项目

1. 培训项目的类型

培训项目按照时间分类,可以分为三种,见表6-3。

表6-3 培训项目的分类

分类	特点
长期培训项目	从企业发展的长远眼光看待,项目需要结合企业发展战略、人力资源开发战略以及培训开发战略等,这类项目虽然覆盖面大,但内容相对宽泛
中期培训项目	此类培训项目相较于长期培训项目,时间较短,课程设计更加细化,会对培训的时间、培训的对象、培训的方法等作出初步计划,相较于短期培训项目,时间较长,通常跨度为1~3年

续 表

分类	特点
短期培训项目	此类培训项目通常以1年为周期，项目会具体到某个培训项目，培训内容也更加细化，可实施性更强

2. 培训项目的内容

（1）培训目标。要想保证培训项目的质量与效率，就要确定员工培训的具体目标和期望的成果，这是培训实施的依据。培训目标的制定要考虑培训对象的特点与个性，要安排培训的内容，还要衡量培训效果的重要标准与具体要求。在AI时代，企业的数智化转型速度在不断加快，大数据技能的培训越来越受到企业的重视。在这样的背景下，企业在制定数智化人力资源培训目标时，应当结合数智化培训需求，结合员工在内在素质、技能知识和学习态度等方面的提升需求综合考虑。

（2）培训预算。培训预算指的是对开展培训工作涉及的各项成本开支进行预估。具体包括培训专家的邀请费用、培训软件的引进费用、培训教材费用等，在进行预算时，要尽可能将其控制在合理范围内，避免过度超支。

企业数智化转型在不断加速，人力资源对企业转型有着重要影响，提升人力资源培训水平成为其转型的关键。企业需要在数智化人力资源培训方面适当增加投资，将这些资金合理高效地应用到实际培训工作中。对此，企业可以设立专项基金，专门用于支持和改进员工的数智化技能培训项目。企业管理层应当加大对数智化人力资源培训成本的监督与管理，确保培训计划的严格实施，最大限度地发挥经费的作用。

（3）培训对象。培训对象指的是需要参加培训的员工。通常培训对象可以细分为三类：一是新员工，这类员工往往在刚入职不久就要接受企业的入职培训，培训内容包括企业文化、岗位要求、企业管理制度等；二是在职员工，在对这类员工培训前，企业可以利用聚类分析等技术对员工与工作相关的数据进行汇总分析，评估出员工真实能力与岗位能力要求所存在的差距，进而根据差距大小，决定员工是否需要参加培训；三是管理人员，企业的数智化转型促使企业管理理念和形式都要发生相应转变，企业管理人员应当积极参加培训，学习市场环境下新的管理理念与方法。

（4）培训内容。培训内容需要依据企业发展需求和员工培训需求综合决定。培训内容一般分为两种：一种是常规培训内容，这类培训内容适用于企业的所有部门和员工，包括企业文化的培训、安全制度的培训、法律政策的培训等；另一种是特定培训内容，这类培训内容是根据岗位不同和培训对象不同而差异化设置的，针对特定的人群设定特定的培训内容。AI技术刚刚兴起，有的企业为了快速响应社会变化，盲目购买服务商的数字化学习课程，这些课程主要讲一些基础性知识，具有很强的通用性，针对性不强，并不一定适用于本企业。对此，企业在购买相关课程时要谨慎，这些通用性课程可以作为培训的辅助内容，主要内容还需要企业组织专业人员设计开发符合本企业发展需求的培训课程，针对不同岗位设计不同的课程，并将这些课程发布到企业内部公共平台或沟通群中，供员工随时随地学习。

（5）培训时间。培训时间一方面指培训的起止时间，另一方面指培训的时长。第一，培训的起止时间往往与企业的发展情况以及员工的工作情况息息相关，具有很大的不确定性，并且在AI时代，网络线上培训方式打破了传统培训在起止时间上的限制，有的企业会将培训内容制作成电子课件发送到线上，不规定员工开始学习的时间，只通过完成打卡的形式限制结束时间。第二，培训的时长既受培训内容多少的影响，也受培训对象学习大体规律的影响。以前的培训主要采用线下培训方式，培训时长较长，往往超过40分钟，部分员工在培训开始时能有一定的学习积极性和热情，到后面很容易失去兴趣，导致无效培训时间较长。在AI时代，受到短视频等的影响，人们的注意力集中时间在不断缩短。针对这种情况，需要适当缩短培训时长，最好控制在几分钟或十几分钟内，但要保证培训内容的质量，在短时间内能够向员工传授最相关的信息内容。这样,员工既能利用碎片化时间接受培训,又能提高自身专业知识与技能水平。

(6)培训地点。相较于传统的线下培训,AI时代的培训环境发生了翻天覆地的变化,数字化学习平台的普及与应用,更为人力资源培训提供了良好的选择。企业不需要占用自身的场地空间,也不需要外出租赁场地,只需要通过数字化学习平台将培训内容发布到平台上,员工利用移动设备就能完成培训,这既为企业节省了培训场地、现场布置等成本开支,又方便了员工随时随地接受培训。

(7)培训方法。AI时代的到来使得人力资源培训方法更加多样,特别是当今一些员工本身是数字原生代,他们思维活跃,对培训有着更高的要求,企业应当不断创新培训方法,如游戏化培训、虚拟情景模拟培训等,提高这些数字原生代员工参加培训的积极性,满足他们个性化需求。但是,AI时代培训的革新并不意味着要完全摒弃传统的培训方式,虽然线上培训给人力资源培训带来了诸多便利,但线上培训使得员工和讲师不能面对面沟通,这不利于问题的快速、高效解决。因此,企业应当将线上培训与线下培训相结合,以线上培训为主,线下培训为辅,这样既保证员工随时学习的需求,又为他们提供面对面解决问题的机会。线下培训也可以利用数智化技术进行辅助,如打卡签到,或者推进与岗位专业技能相关的数智化软件的应用等。

(三)实施培训项目

培训项目的实施在整个数智化人力资源培训活动中的占比最大,也是最重要的环节。实施培训项目主要包括三个步骤。

1. 培训前的准备工作

如果采取的是线上培训方式,那么培训前需要做的准备工作有:①搭建培训学习平台;②收集需要参加培训的员工数据;③对培训需要用到的课程进行整理与推送;④确定培训的具体时间,并发布培训通知。如果采取的是线下培训方式,那么培训前需要做的准备工作有:①选择培训的场地；②布置培训场地，如准备桌椅、多媒体、茶水等；③确定培训的具体时间，并发布培训通知；④安排培训后清理现场的人员。

2. 培训时的管理工作

线上培训需要保证参加培训员工的签到率，要保证网络的流畅，避免在培训中途出现网络卡顿现象，影响培训效果，还应当对员工在培训过程中的表现进行实时监测，确保培训顺利、高质量完成。线下培训除要做好员工签到工作外，还要维持培训现场的秩序，如果培训涉及非本地的子公司员工，还需要安排这些员工的食宿。

3. 培训后的收尾工作

收尾工作是使培训工作完成闭环的关键。线上培训的收尾工作主要是对培训进行总结并致谢，鼓励员工在线上及时提出问题，发表想法。要对参与本次培训的员工的收看率、互动率以及其他各种数据进行收集与整理，并作出科学分析。线下培训的收尾工作除组织现场问答，还要指挥员工退场，维护退场秩序，并派人对会场进行卫生清理。

（四）转化培训成果

培训的目的是完成培训成果的转化，让员工真正学到知识，学到技术，并将这些知识与技术应用到日后工作中，提高工作效率。培训成果转化效果受很多因素的影响，如员工自身的学习态度与能力、企业培训与转化的氛围、企业是否给予员工实践平台与机会等。

企业需要在培训过程中为员工提供更加自动化以及轻松的培训体验感，要充分利用人才画像和数据分析等技术，了解员工个性与需求，为员工定制个性化、多元化的培训资料。不同类型的员工可以进入不同的学习界面，接受不同形式、不同内容的培训。在转化氛围方面，企业应当加强对培训成果转化的重视，要在培训后的工作中进行实时跟踪，鼓励员工之间针对培训内容做分享、交流，为企业营造和谐的、团结的、向上的学习氛围。除此之外，员工只有将学到的知识应用到实际工作中，才能充分释放培训带来的价值。企业在培训完成之后，应当为员工提供

第六章 AI 时代数智化人力资源管理的具体内容

和创造更多的实践机会，同时对员工在实践过程中遇到的问题给予及时指导和解决，利用数字技术对员工的实践成果进行检查测评，切实帮助员工将所学的知识与实际工作紧密联系在一起。

（五）评估培训效果

培训效果评估可以检测员工通过培训，专业水平是否获得了提升，员工能力是否达到了岗位需求标准；可以检测该评估方式是否值得企业下次继续使用，培训内容是否需要做进一步完善。可以说培训效果评估是企业改进培训过程的重要依据。

数智化人力资源评估标准可以以柯氏四级评估模型为基础，柯氏四级评估模型是当前培训中发展成熟且应用广泛的一种培训评估工具，其简称为"4R"，如图 6-3 所示。该模型主要包括：反应评估（reaction），评估被培训者的满意程度；学习评估（learning），测定被培训者的学习获得程度；行为评估（behavior），考查被培训者的知识运用程度；成果评估（result），计算培训创出的经济效益。

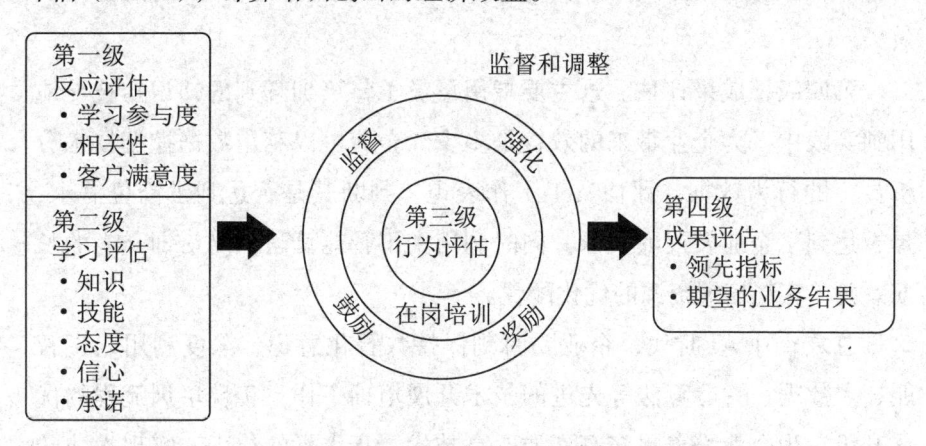

图 6-3 柯氏四级评估模型

在该模型的基础上，利用数智化技术，可以对培训效果进行深度评估，具体表现为以下几个方面。

第一级，反映评估。利用大数据技术对员工的学习时长、登录率和下载率等进行数据追踪，并生成培训学习报告。企业根据学习报告了解员工对培训的体验满意度，找出最受员工欢迎的课程和模块，从而在下次培训中对培训课程加以改进。

第二级，学习评估。通常第二级与第一级有着一定的关联，员工对培训的直接反应和对知识、技能及态度的获取往往是同步发生的。如果员工对培训的体验满意度高，那么他们对学习内容的掌握情况就更好；相反，如果他们对培训的体验满意度较低，则对学习内容的掌握情况较差。在 AI 时代，数智化人力资源培训可以在数字化平台上对员工进行培训后的考核，收集员工的考试成绩，并利用大数据对错题进行分析，找出错题集中的模块，了解员工整体的学习进度与成效。

第三级，行为评估。员工经过培训，在获取知识与技能后，对学到的内容转化为行为的能力进行评估就是行为评估。企业可以在培训结束后的工作中为员工提供指导服务，在这个过程中观察员工的习得结果，也可以利用数智化技术对员工的工作进行实时监测，判断他们的培训效果。

第四级，成果评估。这主要指衡量员工将培训学到的知识与技能应用到实践中，为企业带来的效益是多少。企业可以利用数据挖掘技术分析员工的行为数据，评估员工工作表现，判断其是否达到了岗位需求，是否达到了企业发展的要求。同时利用人工智能算法预测培训介入的长期效益，实现培训资源的优化配置。

总之，在 AI 时代，企业要时刻保持数智化意识，深度利用人工智能、大数据、智能算法等先进的技术开展培训工作，实现培训流程的优化升级，为企业培养更多高素质、高技术、高水平的员工，实现人才的充分利用，进而助力企业更快更好地实现数智化转型。

第三节　数智化人力资源绩效管理

一、绩效的特点

关于绩效的内涵，从不同的视角看能得到不同的定性。本书认为，绩效是员工或团体组织在从事某些活动中的行为表现及其获得工作成果的集合，也就是结果与行为的统一体。关于绩效的特点，主要有以下三点。

（一）多因性

绩效与很多因素有关，这在生产领域更为明显，如某个月生产机器运转情况不好，经常出现故障，那么会影响生产效率，工人的绩效相对机器正常运转来说自然较低。或者工人的薪资本身较高，对于那些追求不高的人来说，没有奋斗的目标，那么其获得的绩效也会较低。

（二）多维性

对员工的绩效进行考核需要从多个维度考虑，这是确保绩效公平、公正的有效手段。如果员工的工作完成情况较好，但其在完成工作的过程中态度较差、与团队的凝聚力不够，那么其绩效就会受到影响。相反，如果员工的整体工作量不大，但其完成的部门工作质量非常大，并且在工作中积极努力、踏实认真，那么绩效也不应该过低。

（三）动态性

社会在不断变化，在企业转型过程中，员工的工作岗位、工作形式以及工作内容等或多或少会发生相应的改变，并且在这个复杂多变的社会环境中，员工跳槽的情况也常见，企业会根据人事变动以及岗位不断变化的需求而进行调整。当企业人员较为稳定，且企业发展到稳定阶段时，整体的组织绩效就相对平稳。

二、数智化人力资源绩效管理的内涵

人力资源绩效管理是对员工或组织的绩效进行管理的过程，而数智化人力资源绩效管理就是在这个管理的过程中引入数智化技术，实现人力资源绩效管理的智能化、高效化，利用数字技术为员工和企业赋能，实现企业人力资源绩效管理的全面提升与优化。

相较于传统的人力资源绩效管理，数智化人力资源绩效管理的优势显而易见，主要表现为以下四点，见表6-4。

表6-4 数智化人力资源绩效管理的优势与表现

优势	表现
管理更高效	快速传输数据，自动生成评价结果
评价更科学	建立科学评价体系，减少主观意志影响
管理更敏捷	实时监控绩效情况，及时预警提醒纠偏
结果应用更广泛	打通数据壁垒，广泛应用评价结果

(一)管理更高效

人力资源绩效管理是一项复杂的工作，涉及的内容较多，对员工和组织的绩效进行考核要从多个维度展开。如果采用传统的人力资源绩效管理方法，会耗费大量的时间收集、了解和分析员工的绩效表现，特别是规模较大的企业，岗位多，员工也多，这更是给人力资源管理者进行人力资源绩效管理带来了挑战。在AI时代，深度使用各项数智化技术，能够在短时间内对岗位以及员工的各种数据进行搜集与整理，进而可借助各种算法模型进行分析，系统能够自动生成评价结果，这大大提高了人力资源绩效管理的效率。

（二）评价更科学

人力资源绩效管理需要从多个维度进行考虑与评价，在传统管理模式下，评价者依靠自身的经验和知识对员工进行考量，就不可避免地会夹杂主观意识，影响绩效考核的科学性和公平性。而数智化人力资源绩效评价以员工的各类相关数据为依据，这些数据是客观存在的，由此得出的评价结果也会更科学、更公平。在实际操作中，人力资源管理者需要将过去几年的多种绩效指标数据输入神经网络算法中，从而根据这些数据，得到一定的绩效评价模型和绩效评价标准，之后再利用这个模型对员工的绩效进行评价。评价维度包括员工的工作业绩、同事的评价、员工的考勤情况、员工的工作态度等，将员工的绩效评价结果与绩效评价标准进行比对，即可判断员工的整体表现情况，最终确定绩效。

（三）管理更敏捷

通过大数据、区块链等数智化技术，将管理规则输入人力资源绩效管理系统中，可实现对员工绩效的全面、动态监控。人力资源管理者能够根据数据变化及时对人力资源绩效管理作出应对和调整，这种管理更加敏捷。企业还可以通过系统内置的智能算法对员工的各项数据进行连续跟踪，当员工表现较差或数据有错误时，预警系统能够发出警报并自动进行纠正，大大提高了管理效率。另外，利用人工智能对整个行业的绩效数据进行分析，还有助于企业更精准地预测未来的绩效发展趋势，并采取更科学、更具前瞻性的管理决策，确保企业的人力资源绩效管理系统与绩效计划同步推进。

（四）结果应用更广泛

在数智化技术的应用下，人力资源管理各个模块的关联性更强，各个模块间的相互作用更加明显。数智化人力资源绩效管理在实现绩效提升的同时，大量数据的分析与评价也能够给人力资源管理的其他工作提供相应的数据参考。借助这些数据，人力资源管理者可以描画更全面的人才画像，洞察人才的共性，进而在未来人才招聘决策中进行完善与创新。通过对员工数智化绩效的分析与考核，人力资源管理者能够明确该员工与岗位的匹配度，从而决定该员工的去留，这是数智化人力资源绩效管理在用人方面的应用表现。总之，数智化人力资源绩效管理能够打通数据壁垒，实现数据共享，进而在更广泛的领域应用评价结果，提升人力资源管理工作的效率。

三、数智化人力资源绩效管理的原则

（一）服从战略原则

人力资源管理的子工作都必须遵循服务战略原则，因为企业的发展战略对企业的人力资源管理工作具有较大的影响和指导作用。在AI时代，各项工作的联系更加紧密，员工绩效应当围绕企业的战略目标。具体来说，人力资源管理者需要对企业战略目标进行深度解读，并做详细拆解，将这些目标进一步细化处理，使之与员工的工作内容更接近。人力资源管理者可以利用数智化技术将企业战略目标拆解并使之与员工目标相关联，生成一幅目标地图并上传到企业公共系统中。员工只要登录该系统，就能够看到这个目标地图，从而清楚自己的工作是如何影响企业发展的。

当今时代发展变化的速度不可预测，当外界环境发生变化时，企业的战略目标随之而变，此时通过可视化的目标地图，员工能及时对自身的工作进行调整，使自己更快地适应企业变化，满足企业发展需求。数智化技术的应用能够让员工快速感知到企业内外部环境的变化，这有利于增进其对绩效调整的理解，便于人力资源管理部门工作的开展。

（二）持续沟通原则

持续沟通是增强管理者与员工之间的尊重与理解，促进相互支持的

第六章　AI时代数智化人力资源管理的具体内容

重要手段。从绩效的制定到绩效的实施、反馈，人力资源管理者都应当与员工保持持续的沟通。在绩效规划阶段，人力资源管理者需要针对员工每个月应当完成的基本任务进行沟通，确保基本绩效的合理性和公平性，避免在日后的工作中员工对基本绩效的规定产生不满。当基本绩效指标达成一致后，人力资源管理者还需要针对超过基本任务的工作量绩效算法与相关人员进行沟通。在绩效实施与普及阶段，人力资源管理者可以借助数智化技术实时了解员工的工作状态与进度，当员工进度较慢或出现其他问题时，人力资源管理者需要及时与员工沟通，了解员工在工作中遇到的困难，并给予他们相应的指导与帮助，同时进行适当的精神激励，帮助他们解决困难，按时完成绩效任务。在绩效反馈阶段，人力资源管理者也可以利用数智化技术将绩效评估结果以及员工关于绩效的诉求反馈给上级领导，促使上级领导对人力资源绩效管理工作进行科学指导与完善，最终实现员工与组织协调一致。

特别强调的是，人力资源管理者与员工进行沟通应当是双向的，必须尊重员工，重视员工的看法与诉求，而不是一味将计划政策以"通知"的形式进行下发，只有让沟通落地，才能保证企业内部协调和顺利运转。

（三）公开透明原则

绩效公开透明是尊重员工的一种体现，也是员工应当享有的权利。企业应借助数智化技术，将单个员工的绩效目标、部门绩效目标以及企业的整体绩效目标公开到企业网站等共享平台上，便于员工随时查看。这有利于员工结合部门绩效目标和企业绩效目标，加强对自身绩效目标的理解，减少因绩效目标不明而产生的误解。同时，员工还可以通过部门与企业的绩效目标对自己的工作有更明确的定位，能够看到其他员工在做什么，企业在朝着哪个方向发展。除此之外，企业还应当设定绩效完成情况看板，员工能够及时看到自己绩效的完成情况及与企业绩效目标之间的差距，便于在短时间内调整自身工作的状态、工作形式、工作方法等，使自己的工作进度赶上企业的发展速度。

(四)客观公正原则

客观公正原则要求管理者从绩效计划制订到绩效评价,即人力资源绩效管理的每一个环节都应当始终保持客观公正,要实事求是,特别是在 AI 时代,借助数据进行管理已经成为人力资源绩效管理的重要手段,要依靠数据说话,减少管理者的主观意识与偏见。同时,管理者还应当加强对企业绩效数智化系统的安全管理,防止数据被窜改。借助数智化技术,企业内部的各个系统可以进行有效连接,由此实现数据共享,便于更快捷、高效、客观地收集员工与绩效相关的数据,并通过量化指标和定性考核综合判定员工的绩效成果,切实保障人力资源绩效管理的公平与公正。当绩效考核与评价结束时,管理者还应当将绩效结果如实反馈到系统中,并对绩效良好的员工给予适当的奖励,对绩效过差的员工给予警告或适当处罚。

四、数智化人力资源绩效管理的方法

(一)关键绩效指标法

关键绩效指标(key performance indicator, KPI)指的是对组织内部的各项关键参数进行设置、计算和分析,衡量流程绩效的一种目标式量化管理指标。具体来说,其就是将企业的战略目标纵向垂直分解,挑选出对企业整体发展具有显著影响的目标作为关键目标并作出量化。

企业的战略目标通常是从更长远的视角考虑与制定的,但是企业内部各部门、各岗位的工作要着眼于实际,因而将战略目标分解并挑选出关键目标,并将其进一步量化为关键指标,有利于各项工作的开展,这种指标也更具有可衡量性。关键指标应当能够及时、有效反映员工工作的直接可控效果,不能受其他人员的影响。需要注意的是,在利用该方法进行人力资源绩效管理时,必须保证关键指标分解的科学性,要使关键指标与企业战略目标发展方向一致,否则会偏离企业战略目标方向,

第六章 AI 时代数智化人力资源管理的具体内容

关键指标及其下一级指标对应的工作也会出现偏差，进而导致关键绩效指标无法支撑企业战略目标落地。对此，企业可以应用数智化技术，将战略目标与各个环节的发展数据相结合，做深度挖掘与分析，找出影响企业整体战略目标的关键因素，确保目标分解得当，各层次下目标对应的工作指标科学合理。

（二）目标和关键成果法

目标和关键成果（objectives and key results, OKR）方法使用的前提是必须明确企业的整体目标，并将此目标分解为多个可量化的关键成果，这与关键绩效指标法有着很大的相似之处。它的不同点在于，目标和关键成果法在分解目标制定关键指标时，主张员工积极参与其中，鼓励员工在这个过程中积极发表自身看法。这种形式一方面给了员工充分的尊重与自主权，有利于提高员工的工作积极性，另一方面由于员工对一线工作更加了解，他们参与关键指标的制定有利于保证关键指标与工作实际相匹配，能够有效避免关键指标出现偏差。在这种全员参与、相互沟通条件下，各部门能够更清楚对方的关键工作和关键成果，有利于增强彼此的理解与尊重，使各部门形成一种协同力，共同为达成企业战略目标而努力。

目标和关键成果法对员工有着更高的素质和专业要求，员工必须具备较强的责任心和自制力，能够对自身行为进行约束，能够在工作中出现问题时及时沟通，也乐于与企业共同发展进步。特别是在 AI 时代，企业的数智化转型改变了企业人力资源绩效管理方式，一些工作需要借助数智化技术完成，员工需要保持积极进取的学习心态，要主动学习这些先进的技术与理念，在参与绩效指标制定的过程中，要保持强大的内驱力，实事求是，真实反馈，勤于沟通，积极配合各项工作。

（三）平衡计分卡

与上述两种方法一样，平衡计分卡（balanced score card, BSC）使用的前提也是以企业的战略目标为标准，一些企业目前在进行人力资源绩效管理时会用到该方法，在企业数智化转型时期，该方法依旧适用。

平衡计分卡之所以受欢迎，是因为它将企业的战略分成四个不同的维度运作目标，并依照这四个维度分别设计了适量的绩效衡量指标，能够有效地将组织的战略转化为组织内更深层次的绩效指标与行动，有利于避免评估方法中可能出现的短期行为，使人力资源绩效管理更全面、更科学。平衡计分卡的四个维度如下。

1. 财务维度

财务维度主要考虑的是企业获利情况，衡量标准主要包括营业收入、资本运用报酬率等。企业运作的主要目的就是创造利润，获得利益，所以财务维度在平衡计分卡四个维度中占据着最重要的地位，它是其他三个维度的基础与前提，也是其他三个维度的落脚点。

2. 客户维度

客户维度主要是从客户的角度看待问题，即客户如何看待企业。这要求企业在制定绩效指标时须结合客户对服务的期望与诉求，所制定的各项指标应尽可能使客户满意，要保证客户获得率和客户保有率。从该维度出发制定的绩效指标有助于企业吸引和留住目标客户，获得更好的口碑，从而提高企业的竞争力。

3. 内部运营维度

内部运营维度主要针对的是企业内部问题，管理者需要明确企业擅长的关键的内部流程，并积极重视和完善这些流程，帮助业务单位提供价值主张，针对这些关键流程制定出合理的绩效指标，切实提高企业的内部效率，最终既能满足客户要求，又能实现企业的财务目标。

4. 学习和成长维度

学习和成长维度需要企业从自身发展的角度出发，思考自己是否在不断进步。企业的成长离不开员工的成长，当员工的工作胜任能力不断提升时，企业的成长会更加显著。因此，绩效指标要考虑员工的学习与成长，要包括员工的再培训、员工的流失率以及员工的自信心等。

根据上述四个维度，企业可以编制一个KPI设置实战演练表，见表6-5。

表6-5　企业（部门）KPI设置实战演练表

考核方面	KPI指标	目标值	权重	评分范围
财务				
客户				
内部运营				
学习和成长				

平衡计分卡的四个维度之间蕴含着一定的因果关系，它们就像一棵苹果树一样层层递进。

员工的知识和技能、高度适配的系统和工具是学习和成长维度，是土壤，只有肥沃的土壤才能生长出好苹果，因而企业需要培养好自身的人员；而内部运营维度则是树干，可以输送营养，对于企业来说是具备一定的战略能力；客户维度是指要为客户带来独特的利益，使苹果树枝繁叶茂，促进企业壮大；财务维度是结苹果，这是企业经营的最终目标，当该目标实现时，企业的愿景也就得以实现。

实施平衡计分卡要将企业的战略置于管理的中心，平衡计分卡方法的使用还可以帮助企业重新认识和制定企业的战略，达到双赢的效果。另外，平衡计分卡非常适合面临较大竞争压力的企业。在 AI 时代，各个企业开始向数智化转型，各种数智化技术的应用使得各企业间的竞争压力不断增大。基于此，采取平衡计分卡能够有效帮助企业得到更多需要的信息，如客户利润率等。

五、数智化人力资源绩效管理的环节

（一）绩效计划

绩效计划是考核者和被考核者双方对员工应当实现的工作绩效进行沟通商定并达成共识的过程。在这个过程中，管理者通常需要按照下列几个步骤执行。

第一步，管理者利用大数据和物联网技术，将企业内部相互联通的各模块发展目标、员工所处职位的具体情况以及企业的整体战略目标等在短时间内进行汇总和分析，为计划制订的科学性和可行性提供数据支撑。

第二步，深度解读企业的战略目标，并将此目标结合企业各层级发展情况做进一步分解，保证分解的每一级目标都与对应的业务层级相匹配，目标要有重点、有特点。这个过程可以借助数智化技术构建一个可视化的目标地图，并将该地图在企业内部公示，让每位员工都知晓自己所在岗位的目标属于什么层次，对其他岗位目标、对企业战略目标会产生怎样的影响，进而思考"为了实现自己岗位目标，该怎么做""怎么做才能更好地帮助企业达成战略目标"。需要注意的是，分解出来的层级目标应当具有较强的可行性，不能超出员工的能力范围，对员工来说还要有一定的挑战性。

第三步，按照目标地图，每位员工应当对与自己工作内容相关性较强的指标所占权重、测量标准以及帮扶计划等做详细规划，形成系统性的绩效计划，并将该计划上传至企业管理层进行审核与修订。当绩效计

第六章 AI时代数智化人力资源管理的具体内容

划确定无误后,管理者统一将文件上传到企业的网络管理平台,并对每位员工保持开放,使员工随时可以查看绩效计划与企业的战略目标,确保绩效计划管理的透明化、公开化和公平化。

(二) 绩效实施

绩效实施是绩效管理工作中周期最长的一个环节,因为绩效实施需要落实到员工某个时间段内的工作中去,并在此期间和员工保持积极的沟通与交流,发现问题并及时解决问题。绩效实施主要包括以下两个方面的内容。

1. 收集绩效信息

所有能够体现员工绩效表现的信息都应当进行收集、汇总和整理,面对大量的数据信息,企业人力资源管理者可以从共享系统中获得各个版块与员工绩效相关的数据,这些数据都是实时更新的,能够保证时效性。另外,人力资源管理者还可以利用相关软件,如钉钉、邮箱等,对员工的出勤情况进行实时监测,通过数字化工具详细了解员工在各类项目中的贡献程度、任务执行情况和错误率等,还可生成相应的图表,进而更直观地看到员工绩效达成情况,有利于及时作出调整。

2. 进行绩效辅导

绩效辅导指的是在绩效实施过程中,如果发现员工的工作进度较慢,或员工在完成某些工作时出现了困难,管理者就应当给予员工适当的帮助与指导,帮助他们找出问题所在,并给予相应的精神鼓励,使他们在短时间内克服困难,赶上正常工作进度。使用传统的绩效管理方法,管理者很可能因为一些个别因素而以偏概全,不能全面了解员工在完成绩效过程中出现滞后的根本原因,因而就不能正确进行绩效指导。在数智化人力资源绩效管理中,管理者可以利用数字化平台全面监测员工的工作进展和工作表现。这种结果更加科学和客观,有利于管理者做具针对性的绩效辅导,确保绩效管理效率。

（三）绩效评价

绩效评价指的是采用一定的评价方法，对员工在完成绩效目标过程中的工作表现、工作业绩等进行综合评估和分析的活动。绩效评价需要考虑三个问题：一是评价什么，即评价指标是什么；二是谁来评价，也就是评价主体是谁；三是用什么评价，即选择怎样的评价方法。

1. 评价指标

评价需要有一定的指标，这是评价工作开展的依据，通常的绩效评价指标包括能力、态度、工作时间及工作业绩等方面，在评价时，人力资源管理者应当将这些指标做进一步的细化。在某个周期内，员工的表现是动态变化的，企业可以利用数智化技术将员工的各项绩效数据进行实时上传，进而根据这些不断更新的数据构建一个动态循环绩效评价模型，得出相对科学的评价指标。

2. 评价主体

为了保证评价的多元性，评价主体应当多元化，员工本人，员工的直系领导、客户等，都可以对员工的绩效进行评价。这些人由于身份不同、职责不同，因而对员工工作的观察视角也会有所不同，由此形成的评价结果将具有多维性，评价更客观。

3. 评价方法

绩效评价的方法有很多，下面介绍几种常用且高效的评价方法。

（1）排序法。该方法将由数字化平台系统得出的员工整体绩效结果进行优次排序。这种方法简单、快捷，能够有效节省人力资源管理者的时间，也能为组织节省资源。

（2）评级或评分。该方法需要给每一项指标划分等级，如优、良、差，然后将员工的每个绩效表现与绩效指标相对应，进行等级评定，最后将这些绩效指标进行汇总，得出最终分数。

（3）行为观察比较法。该方法也可以被视为观察量表法，指的是观察员工在工作中的行为表现，并与评价标准进行比较并评分，与此同时需要查看这种行为的发生频率,最后将各种行为的得分进行相加,即最终总得分。

(4)360度绩效评估法。该方法强调从多个维度对员工的行为进行观察与评分,评价主体也应当多元化,包括上级、下属、员工本人等,最后将这些评价主体的评价结果进行汇总与分析,得出综合评价。这种评价方法更具公平性,既有利于客观反映员工的工作表现,又有利于促进团队建设与沟通。

在 AI 时代,数智化人力资源绩效管理要求充分利用数字化工具开展绩效评价,要鼓励员工随时与人力资源管理者进行线上交流,及时反馈自身工作情况。人力资源管理者要了解员工的工作需求,提高员工在绩效管理中的参与感。相较于传统的绩效评价,数智化人力资源绩效评价使得评价得分汇总工作更简单、更快捷,绩效评价流程也得到了进一步优化,并且绩效评价结果更加客观、公正,大大提高了绩效评价效率,为人力资源管理者节省出了更多时间来做其他工作。

(四)绩效反馈

绩效反馈是将绩效评价结果传达给上级和下级。对上级来说,收到绩效反馈后可以更全面地了解员工的工作情况,有利于其对当前的绩效要求作出具针对性的调整,人力资源管理者可以利用数字化平台进行线上及时反馈。对下级来说,员工能够更清晰自己与企业目标之间的差距,也可以利用线上平台直接向上级反馈问题,与管理者进行更深入的沟通。这种数智化人力资源管理方式显著提高了人力资源绩效管理效率,对企业实现数智化转型具有重要的助推作用。

(五)绩效考核结果应用

绩效考核结果的应用是人力资源绩效管理的目的,若缺失这一环节人力资源绩效管理对企业转型与发展来说将失去意义。在数智化人力资源绩效管理中,由于各个环节、各个部门都实现了有效的互联互通,因而绩效考核结果更便于应用到各个部门的管理中，这使得数智化人力资源绩效管理下的绩效数据价值更大。在AI时代，数智化人力资源绩效管理的绩效考核结果本身就是在数智化技术应用下得到的，最后再通过数字技术应用到更多领域，如为实施更精准的培训学习提供依据，为职位变动提供依据，或应用于招聘的检查与反思、薪酬奖励等，帮助企业更好、更快、更优地实现人才战略。

第一，为实施更精准的培训学习提供依据。绩效考核结果是员工日常工作状态和工作能力的一种映射，通过绩效考核结果，人力资源管理者能够更了解员工的能力水平，洞察到员工能力欠缺的地方，并以此为依据选择更精准的再培训学习方案，不断帮助员工补齐短板，提高员工专业能力。

第二，为职位变动提供依据。依照绩效考核结果，可以对员工的职位进行晋升、调职等，特别是绩效考核结果良好的员工，应当受到管理者的重视，并结合岗位实际需求，适当进行职位晋升，提高员工的积极性和满意度，让员工感受到被重视，进而增强员工与企业的黏度。

第三，应用于招聘的检查与反思。企业可以将绩效考核结果与招聘模块的系统数据进行关联，在招聘员工时，借助这些数据可以看到人才全生命周期数据的优化，将应聘者的相关数据输入其中，根据数据分析结果，可以判断应聘者的能力，与所应聘的岗位是否匹配，在为招聘工作提供依据的同时，也能引起人力资源管理者对自身工作的检查与反思。

第四，应用于薪酬奖励。人力资源绩效管理与薪酬管理存在一定的互动关系，在一定程度上，人力资源绩效管理可以作为薪酬管理的基础。与招聘系统一样，薪酬系统也可以和绩效系统进行互联，进而利用绩效系统的数据进行薪酬计算，同时对绩效考核结果成绩较好的员工进行适当的薪酬奖励。

六、数智化人力资源绩效管理的要点

总结数智化人力资源绩效管理工作，主要应当注意以下几点。

（一）基本信息部分

（1）员工姓名。
（2）部门。
（3）职位。
（4）考核周期。

（二）绩效目标与成果

1. 目标设置
列出与员工职责相关的具体目标。
2. 自动目标跟踪
集成的项目管理工具，可自动更新目标的完成状态和进度。
3. 实时反馈
系统自动从相关数据库中提取数据，评估目标完成质量和效率。

（三）KPI

1. KPI 列表
依据职位特定的几个关键绩效指标。
2. 智能数据集成
自动从企业资源计划系统、客户关系管理系统中收集数据。
3. 绩效得分
根据预设算法自动计算 KPI。

（四）技能和能力评估

1. 技能列表
必需的技能和能力评级表。
2. 自我评估与上级评估
员工和直属上级填写评分。

3. 360 度反馈

360度反馈包括同事、下属的反馈,自动通过邮件收集和汇总。

(五)智能报告与分析

1. 绩效报告

自动生成个人绩效报告,包括图表和趋势分析。

2. 比较分析

将个人表现与团队或部门平均水平进行比较。

3. 预测分析

利用历史数据预测未来绩效趋势,辅助决策。

(六)界面与互动

1. 用户友好的界面

清晰的导航,易于输入和获取信息。

2. 移动设备优化

确保表格在各种设备上均有良好的可访问性和可操作性。

3. 通知系统

通过电子邮件或手机应用推送重要的绩效更新和提醒。

第四节 数智化人力资源薪酬管理

一、薪酬的内涵

员工与企业之间存在雇佣关系,在这个关系中,员工为企业效劳并完成雇主的任务,而雇主则需要支付一定的报酬与奖励,这就是薪酬。薪酬既包括内在薪酬,又包括外在薪酬,薪酬类型不同,其对员工和企业产生的价值也就不同,具有的特征也不同,具体见表6-6。

表 6-6 薪酬的构成、功能及特征

薪酬构成		薪酬功能	变动性	薪酬特征
外在薪酬	基本薪酬	反映工作本身价值	较小	常规性 稳定性 基准性 综合性
	绩效薪酬	体现员工业绩	较大	补充性 激励性
	福利薪酬	提供服务 增强组织凝聚力	较小	保障性 灵活性 成本性
内在薪酬	身份标志、晋升、培训与学习的机会和平台、良好的办公环境等	体现员工心理感受	较大	非经济性

外在薪酬包括基本薪酬、绩效薪酬和福利薪酬，其中基本薪酬能够反映工作本身的价值，是员工需要完成的企业要求的最基本任务的稳定性报酬。这类工作通常需要达到一定的等级标准，也适用于大部分员工。一般基本薪酬确定后，在短时间内不会发生过大变化，基本薪酬具有较强的稳定性。另外，基本薪酬是在综合员工工作规律、岗位特性、大部分员工工作能力的基础上制定的，其他的薪酬计算都要建立在基本薪酬之上。可以说，基本薪酬能够相对全面地反映薪酬的各项功能。

绩效薪酬是员工业绩的直接体现，绩效管理与薪酬管理存在一定的互动关系，其变动性较大，往往与员工个人的突出表现有关，能够对员工起到激励作用。当基本薪酬无法与员工付出的努力相匹配时，可以利用绩效薪酬进行补充，这体现了绩效薪酬的补充性特征。

福利薪酬主要是为员工提供额外的服务，如电话补贴、高温补贴等，这些福利能够为员工的生活提供一定的保障，有助于增强员工对企业的信任度和黏度。福利薪酬并不会像基本薪酬一样定时发放，其发放时间较为灵活。随着企业经营效益的变化，福利薪酬也可能随之改变，但一般变动性不大。

内在薪酬主要是从员工自身的角度来看的，企业赋予员工一定的身份职责、为员工提供晋升空间、为员工提供培训与学习的机会和平台、为员工创造良好的办公环境等，这些都属于内在薪酬，能够兼顾员工的心理感受，具有较大的变动性。

二、数智化人力资源薪酬管理的特征

数智化人力资源薪酬管理指的是充分利用数字技术，建立薪酬数字化平台，构建薪酬绩效模型，通过对员工日常工作表现等各种数据的收集与整理，完成员工薪酬策略的策划、薪酬政策与制度的制定以及薪酬的动态调整，切实为企业吸引更多优秀员工，为企业保留优秀人才，并提高员工的工作积极性，最终促进企业的可持续发展。

数智化人力资源薪酬管理主要具有以下四大特征，如图6-4所示。

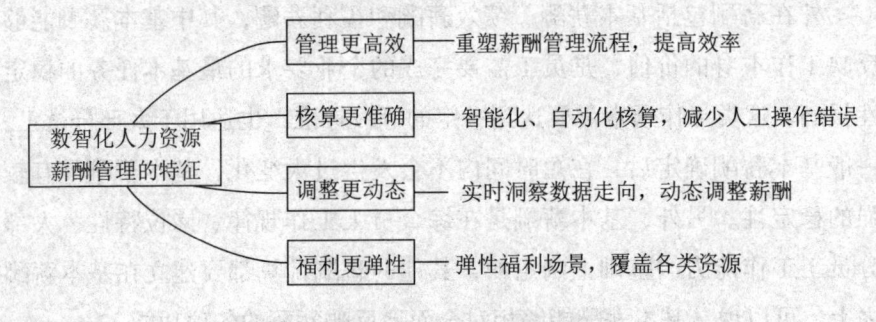

```
                        ┌─ 管理更高效 ─── 重塑薪酬管理流程，提高效率
数智化人力资源 ─────────┼─ 核算更准确 ─── 智能化、自动化核算，减少人工操作错误
薪酬管理的特征           ├─ 调整更动态 ─── 实时洞察数据走向，动态调整薪酬
                        └─ 福利更弹性 ─── 弹性福利场景，覆盖各类资源
```

图6-4 数智化人力资源薪酬管理的特征

（一）管理更高效

虽然薪酬管理涉及的内容较多，需要处理的数据较多，工作量较大，但由于薪酬的制定本身具有一定的标准，并且在发放方面，特别是基本薪酬的发放，对应的时间和数量是固定的，因而可以利用大数据等技术对员工各项与薪酬相关的数据进行系统化、智能化管理，帮助人力资源管理者快速分析薪酬结果，大大缩短了各个部门间协调的时间。数智化技术在处理这些重复性和标准性工作方面，显示出超强的能力与优势。

例如，在考勤打卡方面，企业可以利用具有数智化功能的软件让员工每天自主打卡，打卡数据会在软件中自动记录与存储。月底，该软件可以对每位员工的打卡情况进行总结并生成相应的报表，这节省了人力资源管理者统计数据的时间与精力，也确保了数据的准确性和透明性。在员工薪酬发放方面，软件可以自动生成每位员工的工资条，并且只有员工本人具有查看权，这方便了员工线上随时核对自己的薪酬信息，也保证了员工薪酬的保密性。

（二）核算更准确

薪酬核算包括基本工资的核算、绩效的核算以及各项补贴的核算，这对于人力资源管理者来说是很大的工作量，特别是在大型企业中，薪酬核算的工作量更大。如果使用传统的薪酬核算方法，会耗费大量的人力、时间，并且人工核算很容易出现错误。在 AI 时代，借助数智化技术可以对这些数据进行分析与处理，对薪酬系统输入程序化命令，不仅可以快速完成薪酬核算工作，还能保证薪酬核算的准确性，减少人工操作可能出现的错误。

（三）调整更动态

薪酬的影响因素有很多，当外界市场环境发生变化时，企业的战略会随之变化，企业战略的变化会导致薪酬的变动。即使外界市场环境不变，企业内部环境如组织结构、岗位等发生变化，薪酬也可能出现变动。尤其在 AI 时代，社会发展变化得更快，企业在薪酬管理方面必须快速作出调整，充分利用大数据等技术，帮助企业及时获取外界市场环境信息，并对企业内部薪酬数据进行综合分析。只有确保薪酬数据的走向能够得到及时洞察，才能保证薪酬动态管理的有效性，数智化人力资源薪酬管理的价值才得以真正实现。

（四）福利更弹性

以前，员工的福利往往是固定的，且是由管理层决定的，员工对福利没有选择权和决定权，这种福利设置方式不能满足员工的多样化需求。在 AI 时代，企业可以针对福利设置专门的平台，并在平台上上架多种福利选择，这些福利应尽可能覆盖员工的生活、工作、学习和休闲娱乐等，并设置不同的等级。举例来看，员工在日常工作中，通过考勤打卡、突出成就等多个方面进行积分，积分越高，可选择的福利越多。这些福利可以是超市购物券、餐饮优惠券、电子产品券、地铁充值卡、免费外出实践机会等。员工可以按照积分的多少对福利进行自主选择，选择后这些福利可以由快递直接完成送货。这种数智化的福利选择方式与人性化的福利设置，满足了员工的多元化需求，有利于提高员工的积极性。

三、数智化人力资源薪酬管理的原则

（一）公平性原则

公平性原则指的是员工在工作中的付出与回报应当成正比，即两者应当处于一种平衡状态。公平性又分为三种情况，具体见表 6-7。

表 6-7 数智化人力资源薪酬管理公平性表现

分类	表现
外部公平	与同行业的其他企业薪酬水平相比，企业自身制定的薪酬更合理，且更有竞争力
内部公平	在企业内部，不同的岗位由于职责不同，需要员工付出的时间、精力、能力不同，因而岗位对应的薪酬也应不同，岗位薪酬与其对企业的贡献应成正比
个人公平	对于同一岗位或类似岗位，员工的薪酬应与其绩效和贡献成正比，绩效越高、贡献越大，薪酬则越高

只有保证了员工薪酬管理的公平性，才能切实增强员工对管理者以

第六章　AI 时代数智化人力资源管理的具体内容

及对整个企业的认同感，薪酬管理工作才有意义。在 AI 时代，企业应当借助大数据技术搜集与分析外界市场环境中的薪酬数据，让数智化人力资源薪酬管理系统不断学习数据处理，确保智能决策支持系统的科学性和准确性，进而帮助人力资源管理部门作出更优质的薪酬管理策略，保证薪酬管理的外部公平、内部公平和个人公平。

(二) 经济性原则

经济性原则要求数智化人力资源薪酬管理考虑人力资源成本。一要衡量数智化技术引入企业所花费的成本，应尽可能选择能为企业数智化转型带来更大贡献，且成本相对较低的技术。二要对企业内的岗位进行明确划分，对团队和个人的人力成本进行详细拆分，确保每个部门、每个岗位和每位员工的薪酬都能得到有效控制，不得超出预算。三要对员工福利进行严格管控，要利用数智化技术完善福利的选择与发放，尽可能提高员工福利体验，间接减少员工因福利问题而产生的不满情绪，以免影响工作效率，影响企业的经济效益。

(三) 透明性原则

透明性原则要求企业公开与薪酬相关的各类信息，使每位员工都能清晰薪酬所得，这实际上也是确保薪酬公平性的一种体现。在 AI 时代，保证薪酬透明性的方法有很多，企业可以在本企业网站上的薪酬版块进行薪酬相关信息的更新，也可以在企业交流群中发布相关公告，促使各个部门之间进行相互监督。在公开透明的薪酬管理制度下，员工能够增强对其他部门工作的理解，也能够看到自身工作对其他工作以及对企业整体的影响，这有利于促进企业内部和谐，使员工的工作方向与企业发展方向一致。

(四) 激励性原则

薪酬管理具有了一定的激励性，就不局限于作用在员工个人身上，可以影响其他员工甚至团队，促进员工自身、员工之间、团队之间的团结协作，增强他们之间的凝聚力。

在数智化人力资源薪酬管理中，企业应当充分利用数智化技术的优势，对员工的绩效、工作能力等信息进行积累与分析，深入挖掘这些数据背后的内涵，了解员工在物质、精神和心理等方面的需求与期望，以此为依据进行智能化、人性化的薪酬设计，确保不同岗位员工的薪酬具有一定的差异性。这是确保薪酬起到激励员工作用的前提，也是企业吸引和留住优秀人才的必要举措，有利于提高组织的整体效能。

（五）合法性原则

合法性原则要求企业设计薪酬管理体系时符合国家相关法律法规规定。当今社会的快速发展使得国家在与薪酬相关的法律法规方面也可能出现调整与更新，对此，企业必须实时了解这些法律法规，并及时依据其中规定对本企业内的薪酬管理体系作出调整，确保每项制度和标准的合法性。

四、数智化人力资源薪酬管理的流程

（一）确定薪酬策略

薪酬策略是企业薪酬计划制订与实施的重要依据，当市场环境发生变化、劳动力市场供求关系发生变化，或者企业组织结构发生变化，企业进入不同的发展阶段时，薪酬策略也应当有所改变。特别是在数智化人力资源薪酬管理中，企业要充分利用数智化技术对行业薪酬数据进行实时、动态跟踪，要保持高度的敏感性，能够快速感知数据的变化。企业可以开发智能薪酬解决方案系统，针对不同的阶段，可以生成不同的薪酬策略，并结合企业的财务数据对薪酬决策的科学性进行判断，为企业推送个性化的成本报表，便于企业对薪酬策略作出调整。

第六章 AI 时代数智化人力资源管理的具体内容

（二）工作评价与等级划分

工作评价是确定工作等级的依据，也是构建薪酬结构的依据。某个岗位的工作需要员工掌握怎样的技能，需要员工作出多少贡献，对组织的价值有多少等，都需要管理者进行综合测评，这是全面了解工作的重要前提。之前，工作评价主要由人工参与，存在很大的主观性，而利用数智化技术进行薪酬管理，人工参与较少，薪酬管理系统可以对工作进行自动化评估，并对职位作出等级排序，依照不同的顺序给出不同的薪酬推荐。这种工作评价和等级划分更科学，由此作出的薪酬管理策略也更加准确、高效。

（三）薪酬调查

薪酬调查主要是指对同行业的其他企业的薪酬水平进行调查，这有助于企业对自身的薪酬水平进行反思与检查，发现自身与其他企业之间的差距，进而为薪酬管理调整提供更好的思路。数智化技术使得各个企业之间的数据库得以互联互通，能够打通业务、财务系统，各个企业的数据可以实现共享，企业可以随时查看行业薪酬相关信息，并且利用数智化技术还能对数据做多维度分析，人力资源管理者可以随时从系统中取用薪酬报表，这大大提高了薪酬调查与薪酬管理的效率。

（四）确定薪酬水平与结构

在 AI 时代，各行各业的界线不再分明，一些企业之间甚至行业之间有了更多的交互与融合，这使得企业的竞争压力不断增大，员工在不同行业中都有可能找到适合自己的岗位。对此，企业必须利用数智化技术对不同地区的企业、不同行业的薪酬水平做深入调查与了解，结合外部环境与内部发展的实际状况，对本企业的薪酬水平进行科学定位，提高本企业的薪酬竞争力。

薪酬结构主要指的是薪酬等级，不同岗位和不同部门之间，薪酬存在一定的等级差异,在企业组织结构逐渐扁平化的背景下,企业只有对薪酬结构进行调整才能保证薪酬结构与发展需求相匹配。可以建立宽带型薪酬结构,尽可能弱化薪酬与职级的关系,要通过一定的薪酬手段鼓励员工不断自主学习,与企业成长步伐相一致。但宽带型结构并不意味着所有职级的薪酬都要一致,这需要结合不同职级对企业的贡献,以及员工业务能力等进行综合评估,要将对职级的关注转移到对能力的关注上来,通过能力定价,以此提高员工对薪酬制度的认可度。

(五)薪酬管理制度的实施与调整

1. 薪酬管理制度的宣传和调研

薪酬管理制度在实施前应当对薪酬管理体系进行宣传和调研,一方面让企业员工对薪酬管理制度有全面的了解,避免在薪酬发放时出现不理解、不支持等情况,另一方面企业还可以对员工的需求有进一步的了解。

在进行宣传和调研时,企业需要将薪酬的构成、薪酬的整体结构以及员工所在岗位的薪酬水平等对员工进行详细传达,并倾听员工的意见与建议,及时解答员工关于薪酬方面的疑惑。宣传和调研可以线下线上同时进行。在线下,企业可以组织专门的宣讲会,这种方式能够与员工面对面沟通,便于企业与员工双方的深入交流。在线上,企业可以将薪酬管理制度发放到企业交流群或上传到企业公共平台,在公共平台上可以设置智能聊天机器人,解答员工关于薪酬管理制度方面的问题。

2. 薪酬核算

当薪酬结构与水平经过研讨,协调一致最终确定后,企业需要根据员工的绩效评估以及相关的信息来确定每位员工的薪酬,这个过程就是薪酬核算。具体来看,企业可以利用数智化系统对员工的各种薪酬福利记录、出勤打卡情况、资金补助和扣除金额等数据进行收集,并利用分布式计算和可视化等技术,按照系统中的标准公式对收集到的数据进行计算,最终生成每位员工的数据报表。另外,如果系统发现某些数据有错误,还会及时发出警告,当人工确认该数据的确有错误时,系统可以利用纠错机制和人工智能机器学习，对错误内容进行及时更正，企业的薪酬管理效率将大大提高，薪酬核算的准确性也将得到保障。

3. 薪酬发放

在薪酬发放前，企业可以利用数智化平台，如短信、小程序、电子邮件等将员工的工资条发送到每一位员工手中，当薪酬核对无误后，员工在线上手动确认，之后系统对员工的薪酬进行智能化一键发放。另外，利用平台的自助服务功能，员工还能够在个人专栏中随时查看自己的工资明细。工资明细只能本人查看，保证了员工工资的隐私性与保密性。

上文提到，薪酬的形式有很多种，关于薪酬的发放，也可以采用线上和线下相结合的方式，具体如图6-5所示。

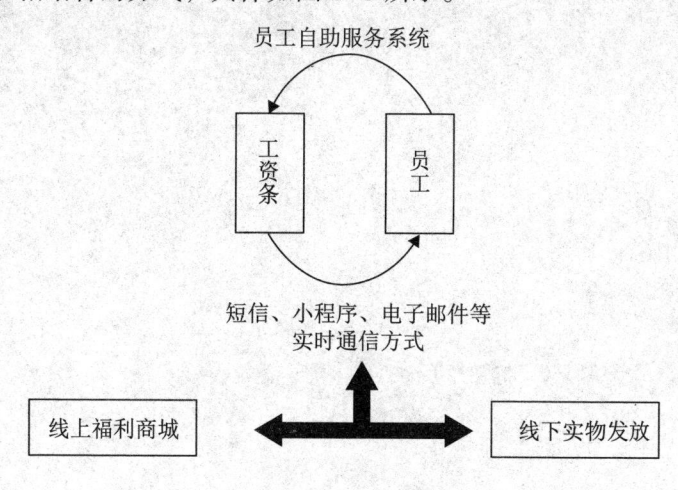

图6-5 薪酬发放的方式

4. 薪酬反馈

薪酬反馈主要指的是薪酬策略实施后，企业和员工之间就薪酬制度以及管理过程中的各项工作进行调查、评价与反馈，对出现的各种问题进行有效沟通。

薪酬反馈可以采取"自上而下"和"自下而上"两种方式。其中，"自上而下"沟通更适合线下，即企业管理者主动与员工面对面沟通，更深入地了解员工对薪酬制度的相关看法，了解员工在薪酬方面的需求。

"自下而上"沟通更适合线上,即员工与企业管理者在线上进行主动沟通反馈,如果员工对薪酬管理有一定的看法,或在这个过程中出现了误解与矛盾等,可以在线上平台留言,做好自行反馈。

5. 薪酬调整

市场环境的不断变化与企业的动态变化都要求企业对薪酬作出实时调整,这是企业在成本可控范围内实现数智化转型的重要策略。具体来说,企业应当对薪酬环境进行综合评估,要有长远的眼光,能够预测未来薪酬环境变化,能够利用数智化技术作出薪酬调整备选方案,确保企业能及时应对市场变化,不会因为薪酬调整而流失重要人才,进而确保企业保持稳定的可持续发展状态。

第七章
AI 时代人力资源管理数智化转型的挑战与建议

第七章　AI 时代人力资源管理数智化转型的挑战与建议

第一节　人力资源管理数智化转型的挑战

一、数智化认知存在差异

AI 技术是当前社会中较新的技术，一方面其发展迅速，有的人还没来得及了解它，另一方面其发展尚不成熟，因而关于 AI 技术的相关研究与知识等还不够系统化。关于数智化转型，一些企业只知道要引进数智化技术，但对数智化的真正内涵还没有清晰的认知。这导致这些企业在转型过程中，不能快速、准确定位自身如何进行数智化转型，在人力资源管理数智化转型方面，不清楚需要利用哪些数字化手段、对哪些环节与流程进行怎样的优化等。还有一些企业认为，数智化转型是完全摒弃传统的管理模式，在人力资源管理方面全部转为线上管理。这种认知偏差使得企业人力资源数智化转型之路变得更加艰难。

二、数智化进程存在差异

不同企业由于其成立的社会背景不同、企业业务方向不同，在 AI 时代进行数智化转型的进程存在显著差异。对于那些很早就成立的企业来说，一是受到传统管理模式的长期影响，不能在短时间内完成理念与模式的快速转型，二是本身业务内容并不是针对数智化产品的，因而数智化转型进程相对较慢。而那些在 AI 时代新成立的企业，在数智化环境中成立，企业在建立初期就可能引进了先进的数智化技术，或者业务本身就是数智化产品与服务，因而企业能够跟上时代的发展步伐，走在时代的前沿。与其说这些企业数智化进程较快，不如说其自成立起就是数智化形式。

三、数智化人才队伍有待壮大

人才是企业发展的基石，即使是在数智化环境下，机器的运转同样需要人来操作与控制，因此，数智化人才队伍建设是推进人力资源管理数智化转型的关键。但就现阶段来看，有的企业还没有具备高水平数智化技术的人才队伍，特别是有些管理者，只能对数字化系统进行简单操作，无法深度利用和挖掘数据信息，这进一步影响了企业数智化转型的进度。另外，受到资金的限制，一些企业在人才引进与员工培训方面有些力不从心，这也导致了数智化人才数量较少、水平不高。

第二节 人力资源管理数智化转型的建议

一、加强对数智化转型的认知

认知指导着人的行为，决定着企业发展的方向。对于企业人力资源管理来说，要实现数智化转型，应当加强对数智化转型的认知，要真正理解数智化的内涵。而在企业本身并不是数智化性质的情况下，单靠企业加强数智化转型认知是远远不够的，国家和社会应当参与到企业数智化转型的宣传与培训中，可以组织企业进行数智化转型专业知识培训，并建立试点示范企业，由政府牵头转型成功企业分享经验，深化其他企业对数智化转型的认知。在企业中，下级员工的工作方向与工作形式多取决于上级管理者的决策，因而企业管理人员必须起到模范作用，积极更新认知，学习数智化转型相关知识，并将数智化转型理念传达给下级员工，让数智化转型理念渗透到企业的各个层面，使企业成员都具有数智化意识。在这个过程中，企业可以利用数智化平台，向员工进行宣传，一方面宣传数智化转型理念，另一方面通过数智化平台，让员工切身感受到数智化技术的便捷、高效之处，从而促使他们在企业数智化转型过程中积极、高效配合。

二、制定清晰的战略规划

在 AI 时代，数智化人力资源管理转型要制定清晰的战略规划，就需要了解企业整体发展的战略规划，只有保证两个规划的方向一致，才能真正助力企业实现数智化转型。

具体来说，企业应当对自身的性质以及业务优势进行挖掘，要结合企业发展战略制定人力资源管理数智化转型的长、中、短期规划。在长期规划方面，要对企业的数智化程度、企业整体运营模式以及企业发展过程中已经拥有和可能获得的资源等进行综合分析与考虑，以此制定人力资源管理数智化转型的长期发展规划。在中期规划方面，企业需要对组织内部人力资源结构、员工数智化水平、企业资金运转等情况做综合分析与考虑，以此制定人力资源数智化转型的中期发展规划。而在短期规划方面，则需要对各个部门的分工、每个岗位的职责、每个项目的完成方式与完成期限等做综合分析与考虑，以此制定人力资源数智化转型的短期发展规划。长期规划为中、短期规划明确了方向，而中、短期规划又是践行长期规划，实现企业愿景的具体措施。这些规划是相辅相成的，一个环节出现错误，会影响其他规划的完成情况，因而不论长期规划、中期规划，还是短期规划，都要清晰、准确和科学。

三、推动企业文化变革

企业文化是企业的软实力，是一种无形的精神观念，企业文化并不是一成不变的，会随着时代背景的变化、企业发展变革而变化。在 AI 时代，要实现人力资源管理数智化转型，推动企业的文化变革是关键，企业文化变革可以从下面三个方向入手。

（一）数据文化

数智化人力资源管理离不开数据的支持，特别是在 AI 时代，各行业、各部门的互联互通使得数据信息逐渐海量化，企业必须建立数据文化，要让管理者，甚至每位员工都意识到数据的重要性，要让他们明白数智化转型离不开数据的驱动。企业管理者应当起到模范带头作用，积极使用数据作为决策支撑，以身作则，树立数据驱动的榜样。要在企业发展各个环节，引入数据可视化工具，利用工具将复杂的数据转化为直观的图表与报告，既帮助员工理解与利用数据，又为其创造数据化的工作环境。

（二）创新文化

数智化转型本身就是一种创新，企业应当构建创新文化，这有利于员工更快地接受数智化转型，让员工始终保持创新精神。具体到实际工作中，企业要在决策等方面给予员工充分的参与权与发言权，要尊重员工的看法与需求，鼓励员工大胆思考，提出新颖的想法。企业应当为员工提供持续学习和培训的机会，构建学习型组织文化，让员工在培训与学习中掌握最新的AI技术，提高他们自身的能力与素质，进而增强他们的信心，促使他们在未来工作中作出更多创新性贡献。创新文化的建设还要求企业进一步加强与外部的交流与合作，与外部环境形成开放的创新生态系统，在与外部合作过程中，积极吸收外部的新技术与新思维，从而增强自己的创新能力。

（三）持续学习文化

在AI时代，虽然目前数智化技术属于先进的技术，但随着技术的不断发展，未来数智化技术也会经历迭代与更新，企业必须保持持续的学习能力，不断提高自身素质。数智化技术的发展使得智能机器人在替代很多岗位的同时，也创生了很多新岗位，员工要想胜任新岗位，就必须不断学习新理念、新技能。对此，企业可以培养人人学习的企业文化，进一步加强员工培训与学习，可以定期邀请业界专家到企业进行宣讲，也可以定期在企业线上平台上发布最新的专业知识与热点话题，让员工

第七章 AI 时代人力资源管理数智化转型的挑战与建议

不断深入接触数字技术，感受智能化体验。

四、建立专门的协调机构

从广义的角度来看，建立专门的协调机构需要国家和政府部门参与，应当建立专门的机构为企业数智化转型提供相关的咨询和技术指导服务。从狭义的角度来看，在企业内部应当针对数智化转型建立专门的数智化管理部门，该部门有负责整体转型战略规划的管理者，有负责数智化知识、技能讲授的专员，也有负责具体项目实施的人员。建立这样的专门协调机构，能够帮助企业人力资源管理部门进行数智化资源整合，加强各部门间的协作，使全体员工齐心协力，共同为人力资源管理数智化转型作出努力与贡献。

五、完善数字化基础设施建设

如果将企业数智化转型看作建造一座房子，那么基础设施建设就是在打地基，只有保证基础设施建设的质量，才能保证地基的质量，这是企业数智化转型的基础。企业应当积极引进5G技术、人工智能和物联网等，并与外部市场环境搭建互联互通的网络系统，确保企业可以随时接收、查看外部信息，能够借助互联网平台与外界进行项目沟通与合作。要对企业内部的设备进行技术改造，提升设备的智能化水平。如果企业的技术和能力有限，则可以直接通过外部供应商购买数智化设备。

六、壮大数字化人才队伍

数智化转型增大了企业对数字化人才的需求量，企业需要构建一支高素质、高水平的智能化和数字化人才队伍，要增加企业复合型人才的数量，使人才队伍规模不断壮大。

高校是人才培养的重地，企业应当加强与高校的合作，建立校企合作机制，从高校教育中学习最先进的知识与理念，并深入挖掘高校中的数字化人才。另外，通过与高校合作，企业还能够充分利用高校的科研条件，加强对本企业数智化转型相关项目的研究，这大大增强了企业的综合竞争力。从企业自身发展来看，其需要完善人才激励机制，要精准发力，吸引更多的数字化人才，留住数字化人才。人才队伍的壮大将为企业人力资源管理数智化转型带来更多的新思路与新方法。

参考文献

参考文献

［1］陈天荣.商品学概论[M].3版.重庆：重庆大学出版社，2021.

［2］钱玉竺.现代企业人力资源管理理论与创新发展研究[M].广州：广东人民出版社，2022.

［3］黄东梅.人力资源管理基础[M].合肥：安徽教育出版社，2015.

［4］李壮成.新建本科院校应用型课程建设研究[M].武汉：武汉大学出版社，2023.

［5］韩平.创业企业人力资源管理[M].西安：西安交通大学出版社，2023.

［6］魏迎霞，李华.人力资源管理[M].郑州：河南大学出版社，2017.

［7］杨园.当代人力资源管理创新实践研究[M].北京：北京工业大学出版社，2023.

［8］闫志宏，朱壮文，李贵鹏.人力资源管理与企业建设[M].长春：吉林科学技术出版社，2021.

［9］众合云科研究中心.数字化时代的 HR 实战宝典[M].北京：电子工业出版社，2022.

［10］李楠.AI 时代：人力资源管理数智化转型[M].北京：人民出版社，2023.

［11］何江，闫淑敏，关娇.四叶草组织：一种新型混合劳动力组织形态[J].外国经济与管理，2021，43（2）：103-122.

［12］温恒福，张萍.学习型组织的实质、特征与建设策略[J].学习与探索，2014（2）：53-58.

［13］孙刚俭.人工智能时代人力资源管理的创新发展策略研究[J].商展经济，2024（11）：177-180.

［14］段林.信息时代下人力资源管理的数字化转型研究[J].活力，2024，42（11）：25-27.

[15] 陈同扬，包心怡.构建数字化人力资源管理系统[J].人力资源，2024（11）：112-113.

[16] 陈玥霖.数字化技术在企业管理中的实施探索[J].商业观察，2024，10（16）：117-120.

[17] 吴佩珊.数字经济时代下的中国人力资源管理：机遇与挑战并存[J].现代商贸工业，2024，45（12）：24-26.

[18] 梁振瀚.数字化人才管理新时代企业人力资源管理转型路径解析[J].公关世界，2024（10）：11-13.

[19] 张慧明.数字化时代下的人力资源战略与人事管理创新[J].老字号品牌营销，2024（10）：97-99.

[20] 王婧盈.大数据时代企业加快人力资源管理数字化转型的策略探讨[J].企业改革与管理，2024（9）：99-101.

[21] 宋炎琳.人力资源管理数字化创新策略[J].人力资源，2024（9）：66-67.

[22] 丁昕.数字化环境下国有企业人力资源管理策略[J].全国流通经济，2024（9）：122-125.

[23] 马光健，张燕.企业人力资源管理数字化转型的现实困境及优化路径研究[J].就业与保障，2024（4）：46-48.

[24] 于红娟.数字经济时代人力资源管理数字化转型模式探讨[J].中国集体经济，2024（11）：126-128，181.

[25] 潘夏敏.浅析人力资源管理中的数字化应用新思路[J].营销界，2024（7）：80-82.

[26] 赵文葵.数字化转型下企业人力资源管理的问题与对策研究[J].企业改革与管理，2024（5）：91-93.

[27] 滕靖靖. 数字经济下建筑企业的柔性人力资源管理 [J]. 江苏商论, 2024 (4): 27-31.

[28] 寇群. 数字化转型对人力资源管理的影响分析 [J]. 集成电路应用, 2024, 41 (3): 314-315.

[29] 孙婧钰. 新时期物流企业人力资源管理数字化转型路径研究 [J]. 中国航务周刊, 2024 (9): 85-87.

[30] 宋婷婷. 数字化背景下事业单位人力资源管理创新路径研究 [J]. 环渤海经济瞭望, 2024 (2): 120-123.

[31] 李贻湘. 集团化公司人力资源数字化转型的有效策略探讨 [J]. 企业改革与管理, 2024 (4): 73-75.

[32] 刘晨曦, 刘宁. 人力资源职能让渡对人力资源管理效能的影响: 数字化转型的调节作用 [J]. 科技与经济, 2024, 37 (1): 86-90.

[33] 徐伦占. 互联网时代企业人力资源管理的挑战与机遇 [J]. 中国中小企业, 2024 (2): 189-191.

[34] 王杏蕊, 任舜禹, 李晋辉. 人力资源管理数字化转型: 一个整合性研究分析框架 [J]. 中国人事科学, 2024 (1): 56-66.

[35] 李启翠. 数字化人力资源管理人才培养存在的问题及解决方式 [J]. 中国中小企业, 2024 (1): 198-200.

[36] 石可. 大数据时代企业人力资源培训与开发 [J]. 今日财富, 2024 (19): 86-88.

[37] 郑国涛. 基于大数据的企业人力资源绩效管理创新研究 [J]. 商场现代化, 2024 (14): 86-89.

[38] 刘婷婷, 夏文刚. 基于人力资源开发的绩效与薪酬管理策略探析 [J]. 商场现代化, 2024 (14): 114-116.

[39] 宋佼佼.企业战略管理与人力资源管理的融合关系分析[J].中国集体经济，2024（17）：120-123.

[40] 张宗岩.企业人力资源培训创新及开发策略研究[J].商场现代化，2024（13）：130-133.

[41] 杨顺忞.企业人力资源薪酬管理面临的困境及有效路径研究[J].现代商业，2024（11）：143-146.

[42] 林平.优化企业人力资源招聘与培训管理体系的对策[J].四川劳动保障，2024（5）：68-69.

[43] 王木.企业人力资源管理中薪酬与绩效管理的作用[J].中国集体经济，2024（15）：109-112.

[44] 徐娟.人力资源管理从传统人事向战略管理转变[J].市场瞭望，2023（16）：126-128.

[45] 邢可.基于知识图谱的数字化人力资源管理技术研究[D].武汉：华中科技大学，2023.

[46] 王苏.MS公司人力资源管理数字化优化策略研究[D].长春：吉林大学，2023.

[47] 魏娅敏.A公司人力资源数字化管理优化策略及应用研究[D].济南：山东师范大学，2021.

[48] 王乙乾.大数据及人工智能在企业人力资源管理上的应用研究：以G公司为例[D].北京：北京化工大学，2020.

[49] 曾琪雅.AI时代G商业银行跨区域人力资源管理优化研究[D].南昌：江西师范大学，2020.

[50] 常绍来.大数据时代A互联网公司人力资源招聘与绩效考核管理研究[D].北京：北京化工大学，2019.

［51］张晓萌. 基于数据挖掘的地区人力资源管理与决策平台 [D]. 北京：北京邮电大学，2017.

［52］张振守. 数智时代 Z 公司转型升级战略研究 [D]. 济南：山东大学，2023.

［53］程晓萌. 数智化人力资源管理对新生代员工绩效的影响过程机制：基于双向工作体验的中介效应 [D]. 济南：山东财经大学，2023.

［54］徐子璟. 跨国投资企业薪酬管理系统的设计与实现 [D]. 成都：电子科技大学，2014.

［55］谢向宇. 我国企业人力资源薪酬管理研究：以 XD 公司为例 [D]. 武汉：华中师范大学，2013.

［56］李长慧. 集团人力资源管理系统的设计与实现 [D]. 大连：大连海事大学，2017.